I0221781

《基督教与世界》

系列丛书第 3 本

《基督教与世界经济》

李锦维　博士

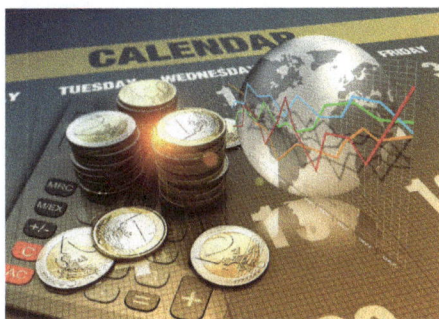

版权

本系列 10 本丛书原创为英语版本、同时翻译出版中文版本和法文版本，所有版本均有电子版、平装版和精装版。

版权所有 © 2022 李锦维

版权登记号：1193286

邮箱：lijinwei567@gmail.com ; peace@jwc.com

网址：http://www.jwc.com

国际标准书号：978-1-7782227-7-1

保留所有权利。

目录

介绍

　　本书考察政治经济学发展和宗教之间的关系，同时概述了宗教与发展和思想互动的国际标准的普遍性。它叙述了发展与信仰领域及其整合之间的分歧和切断。它通过引用摩洛哥、危地马拉、菲律宾、肯尼亚和柬埔寨等几个国家正在变化的事情，展示了宗教政治经济学发展的政治观点在世界不同地区是如何变化的。强调全球经济的宗教方面和更广泛的发展政治。两个最重要和最有影响力的宗教参与者是天主教和伊斯兰教。

　　世界资本主义和基督教都是虔诚的制度。事实证明，在过去，基督教对资本主义的形成至关重要，并继续与它有着密切的联系。然而，一些对国际资本主义最激烈的反对始于基督教。与宗教信仰相协调，两者都稳步发展。本书主要目标是更多地揭示基督教的观点，因为它抵制财富和权力的适当积累以及与社会关系相关的损害。它还反对无限制的讨债，这是现代资本主义与其虚无主义相关的一个特征。基督教提倡自由竞争和保护产权，鼓励人们分享良好行为，是经济中人的神。

　　宗教经济学是经济学研究的一个新领域。这本书有两个目的。其一回顾是因为它追溯了该行业的历史和社会背景，其二它向前看是因为它检查了提供给经济学家以调查当今世界各地的宗教的数据和研究主题。很多方面都对宗教的经济影响做出了贡献：（1）理论模型的新发展，包括宗教市场的例子和宗教元素的进化模型；(2)一项实验活动，旨在确定一种评估宗教行为根本原因的新方法的经济识别；（3）宗教经济学史上的一项新研究，认为宗教是独立而不是依赖进化的；(4) 进一步研究西方国家以外的宗教。基于这些发展，本书讨论了四个主题-第一，宗教歧视、多元化、控制和经济增长；第二，宗教市场、会所商品、各种品牌、网络；第三，包括国家竞争和慷慨的认同；第四，宗教与经济发展中的冲突与合作。在回顾这个古老但自相矛盾的研究领域时，这本书提出了宗教经济学家在未来几年要考虑的悬而未决的问题。

第一章 宗教与经济

宗教与政治经济学之间存在双向互动。虽然宗教在很大程度上被认为是一个因变量，但一个重要的问题是经济增长和政治组织如何影响宗教贡献和信仰。一个重要的问题是宗教信仰如何影响个人特征，例如职业道德、道德和节俭影响经济表现。本章解释宗教与经济的两种关系，同时侧重于国际资料的定量研究。

1. 宗教作为因变量

尽管研究人员和经济学家直观地将这两种方法联系在一起，但需求方和供应方模型将宗教理论作为因变量进行了分离。一个重要的需求侧模型在于世俗化模型。根据该模型，由于经济发展，个人参与宗教服务和个人祈祷的人数减少。它还伤害了宗教观点，削弱了宗教对政治和治理的影响。

回应科学和教育领域的进步，包括摆脱农业改造和保护更大、更繁荣的城市经济。马克思的分析表明，"普遍的现代趋势导致了宗教的衰落。"

阿奇(Azzi）和埃伦贝格(Ehrenberg 1975) 发展了在寻找宗教时使用理性选择。一个重要的特征是宗教与救赎的可能性之间的关系。在本章后面阐明这一方面时，这种联系可能反映了当前宗教和信仰的影响。另一方面，16 世纪的传教士

"约翰·加尔文"强调宿命，但认为经济上的成功和宗教信仰是人类得救的标志。阿奇和Ehrenberg比较了宗教的好处与更多参与的时间和其他成本的比较。他们将宗教信仰视为一种长期存在的异端邪说，他们预测普遍的共识是，现实世界的工资上涨会减少宗教参与。如果该模型意味着时间限制较少的人（例如失业妇女和退休人员）用于正式宗教服务和个人祈祷的时间会更多，那么成年人将花更多时间研究是否得救的机会取决于在他们的生活中积累了宗教活动。当承认天主教或其他救赎手段可以消除过去的罪孽时，当晚年采取行动对救赎至关重要时，这种力量变得更加重要。

由芬克(Finke)和斯塔克(Stark 1992)、芬克和亚纳科内(Iannaccone 1993)、亚纳科内和斯塔克(1994)以及亚纳科内(1991)开发的宗教市场模型侧重于一个独特的方面。继亚当·斯密斯(Adam Smith 1791)之后，这些文本认为政府法规和补贴会影响宗教提供者之间的竞争，从而影响圣物的性质。当政府设定国家的宗教并限制入境时，预计服务的质量和种类将是有害的。结果，人们将更有可能避免加入合法宗教，尽管对宗教信仰的影响可能很小。因此，根据现代英国的戴维（1994）的分析，社会在保持更坚定的宗教信仰的同时，获得官方宗教服务的机会可能较少。与存在相比，信念可能更重要。

像美国这样的国家可以被认为是一个拥有自由宗教市场和各种宗教祭品的国家的例子。在托克维尔（Tocqueville 1835）指出的这种复数环境中，竞争在某些方面创造了更高的"产品"。因此，参与官方宗教服务和宗教标准往往很高。

2 . 宗教作为独立变量

韦伯(Weber)对新教理论的基本分析将宗教视为可以影响经济结果的独立实体。宗教信仰通过促进效率、诚实、善良、慷慨和好客等因素来影响经济。更多的宗教信仰可以通过发展这些特征来鼓励投资和经济增长。韦伯引用的韦斯利(Wesley 1760)的想法有些相似。韦斯利敦促兄弟俩"尽你所能"。然而，他觉得他的前两位校长比第三位更成功。前两个因素，韦伯的职业道德和储蓄，可能比帮助穷人作为生产性经济基础的组织更重要。随着他的兄弟们变得非常富有，韦斯利承认他们变得越来越不忠诚，从而给出了世俗理论的第一个象征性表达。

韦伯框架中关于宗教的结论性观点是，宗教信仰是经济结果的重要因素。这种方法与社会/文化观点相矛盾，其中与参加宗教服务相关的联系可以成为增长的催化剂。这种不同的观点将参与官方宗教视为建立社会经济或社会文化的众多方式之一，从而破坏了宗教。对于韦伯来说，礼拜堂（教堂）不仅仅是小区俱乐部的类型。宗教的一个独特特征是它对强化特定价值观的信仰的潜在影响。

假设宗教是自成一格的，主要的道德倡导者是外来的补偿，如救赎、谴责和涅盘。因此，这些补偿的信念可以通过提高个人质量（例如诚实、良好的职业道德和储蓄）来提高生产力。在某些情况下，来自死后信仰的强大力量可能会助长社会弊病，例如暴力，即所谓宗教的"阴暗面"。在任何情况下，宗教服务、传统和宗教学校的社会和文化方面只对它们如何影响信仰是必要的。因此，道德受到假设的影响，花费在公共活动上的时间量会产生影响。在经济上是棘手的，至少以国内生产总值衡量。此外，合法宗教的成本包括会众和宗教领袖的时间以及花在建筑物和贵重物品上的财富。因此标准观点是，与成为（或要去）的一部分有关的信仰是宗教在经济上具有重要意义并产生其他后果的主要途径。

3. 世界宗教中的拯救与经济激励

世界经济狂热的宗教信仰救赎。世界主要宗教，基督教、伊斯兰教、印度教和佛教，提供不同的经济激励措施。基本概念是"救恩功德"，它将想象中的救恩可能性与一个人的终生行动组合在一起。在某些宗教中，一个人可以在今生找到一种救赎契合，以增加来世获得更好结果的机会。加尔文主义新教几乎没有或根本没有救恩的价值，因为人被认为注定要得救或不得救。因此，个人行为不会影响人们得救的机会。

另一方面，佛教具有很高的救恩功德，因为遵循严格的道德准则可以为澄清带来极大的救恩保证。天主教、印度教和伊斯兰教有一个适度的优势，这是人们对救赎有特定但不明确的影响。每个主要宗教都有其促进追求财富和积累资产的方式，为经济繁荣做出贡献。

然而，佛教获取和积累财富的动机是有限的，因为财富分享经常被强调。这种强调的原因之一是为了确保小区的生存。通过互助和慷慨行为的精神奖励网络，宗教减少了日常生活的不确定性。也就是说。慈善是公共保险的一种形式，如果小区有很多运气，比如农业，它会很有效。当公众缺乏应对各种不确定性的法律框架（例如政府福利计划和保险市场）时，宗教支持的私人慈善机构可能是有益的（吉列 Gill 和伦兹加德 Lundsgaarde 2004 年；舍夫 Scheve 和斯塔萨维奇 Stasavage 2005 年）。佛教还通过将救恩功德与具体行动联系起来、为宗教团体提供经济援助、参与祈祷和建立宗教结构来说明确保他们的生存。虽然佛教和印度教没有犹太教和基督教意义上的地狱或天堂，但履行义务的信徒成功地转世为中天。那些未能成功履行承诺的人会重生到中间的、短暂的净化阶段。做更多的事情也可以帮助一个人通过获得救恩功德升入更高的天堂，并可能缩短一个人在炼狱中的停留时间。

轮回是一个人如何克服恶业并进步到更高的完美或启蒙状态。简而言之，印度教和佛教是关于达到完美的信仰计划，可以解释为一种救赎形式。另一方面，强调预定论的加尔文新教削弱了经济。人是不是选民之一，世界上没有任何善行或善行可以对此有所作为。然而，也强调了救恩的不确定性，以及获得一些拣选迹象的动机。宗教改革教会紧跟加尔文主义神学，强调救恩的物质或社会意义。人类的勤奋和物质成功所带来的储蓄是上帝选择人作为要得救的选民之一的最明显迹象（卡尔文 Calvin 1584）。因此，经济上的成功受到高度重视，但慷慨的行为即使没有受到谴责，也会被低估，因为它违背了上帝的旨意，例如，通过鼓励不活动。救赎的保证在虔诚主义（包括卫理公会、路德教和贵格会）和五旬节教派中也是必不可少的。然而，这些宗教有内在的或个人的保证。在虔诚主义中，完美的教义，或在获得救赎保证后在信仰上的持续成熟，将善行转化为精神象征。

伊斯兰教和天主教将地狱解释为具有持久状态的临时水平。天堂和地狱一样，有暂时的条件，但却是永恒的状态。那些未能进入天堂的人是因为他们自己的自由意志，而不是因为复仇的上帝。在地狱的某些层面，那些有机会得救但做了大恶的人会受苦一段时间，直到中保（天使、先知、其他信徒）为人类说话。在下一节讨论的国际研究资料分析表明，在穆斯林和"其他基督徒"中，对某种形式的地狱和来世的信仰更加坚定，这是一个由许多福音派人士组成的群体。以下是最高的天主教徒和东正教徒，其次是犹太人，然后是主要的新教徒和印度教徒，他们与犹太基督教的天堂和地狱概念脱节。对此的一种可能解释是，基督教，尤其是新教，强调个人对宗教义务的责任。相比之下，伊斯兰教是合法的，强调履行强加于社会的法律也强调公众在主流新教中实践宗教信仰的松懈创造了一条以内部个人关系为中心的精神生活的个人道路。

4. 宗教和政治经济学的国际资料分析

巴洛（Barro）和麦克利里（McCleary 2003、2005)曾使用过一项多学科、跨国研究，该研究使用当时资料将不同的宗教观点视为依赖和独立的多样性。宗教间的互动如何影响经济发展和政府对宗教市场的影响仍有待决定。一个突出的问题出现了，宗教的不同层次和各种形式对经济增长和其他经济和政治动态至关重要。将主要研究数据与韦伯的 Max 程序联系起来，就会发现宗教和经济学的两个研究具有相互矛盾的结果。更重要的是，如果韦伯当今还活着并且能够使用当前的数据和数学工具，他将在世界各地做现在人们正在寻找的那种艺术。

除此之外，韦伯认为宗教，尤其是新教和天主教之间的区别，对于涉及将工人纳入工厂系统的特定历史领域的经济发展至关重要。他认为世界组织后来取代了个人生产的宗教基础，因宗教差异对当时的经济后果没有那么重要。因此，韦伯并不认为宗教多样性是 19 世纪欧洲的核心，他很可能没想到会在 20 世纪看到重大的经济后果。根据这种观点，韦伯不会发现人们对当前国际资料的大规模工作的兴趣如此之深。

5. 国际和宗教资料

一些研究人员从预先构建的跨国数据集开始他们的研究，数据报括国民账户和其他经济、政治和社会指针的变量。参与正式宗教服务和宗教信仰的最有价值的国际知识来源是从 1980 年代初到 2000 年代中期进行的七次国际调查。世界价值观四次调查（WVS），他们分别是 1981-84（命名为 1981）、1990-93（命名为 1990）、1995-97（命名为 1995）和 1999-2003（命名为 2000）。国际社会研究计划 (ISSP) 也有两份宗教报告：1990 -93 (命名为 1991)和 1998 -2000 (命名为 1998)。还有盖洛普千年调查（1999 年）。本章使用了个人资料，通常包括 1000 至 2000 名参加每个国家调查（或多或少）的参与者，以创建国家资料评级。这种观点符合人们对世界宗教层面的关注，特别是宗教、经济增长以及政府机构和机构之间的相互依存关系。

使用巴雷特的书（1982, 2001）在世界基督教百科全书（也称为巴雷特）中来检查 1970 年和 2000 年的宗教信仰。（尽管有"基督教"这个词，这本百科全书涵盖了所有世界宗教。人口普查和调查当人们信教被要求确定一个宗教，如果有的话，他们坚持它。巴雷特的 SubGenius（子天才）教会，非基督徒，什叶派等，没有将这种区别应用到当前的分析中。这些数据能够估计大多数宗教，计算为信奉特定宗教的人中赫芬达尔（市场集中度的公认衡量标准）指数（信奉份额总数）的一个减法。此步骤为从一个信奉者中随机选择的两个人提供了一个机会特定宗教属于不同的宗教。如果每个人都属于同一个信仰，复数将为零。收集随机数据（这样宗教的数量将等于人数），索引将等于1。为了检验政府对信仰的直接影响，用了两个流行变量：一个代表正式国教的存在，另一个代表对宗教市场的控制。

关于宪法中的宗教，所使用的概念最终是真实的。这些类别在某些情况下比在其他情况下更明显。在大多数情况下，宪法规定了国家的官方宗教并限制或禁止其他形式。然而，即使没有这些任命或禁令，政府有时也会选择在公立学校采用维持生计和税收或义务宗教教育的既定宗教。尽管宪法中没有法定名称，但这种考虑导致研究人员将某些国家归类为"国教"。

第二章　宗教与财富

基督徒拥有世界财富的很大一部分。研究表明，基督徒是世界上最富有的国民，其次是穆斯林和印度教徒。财富的很大一部分（678,320 亿美元，34.8%）由没有宗教信仰或属于其他信仰的人拥有。根据《新世界财富》的一份报告，在宗教上，基督教占统治地位，其次是穆斯林和印度教徒，大约是高净值人士（总资产为 100 万或以上）所崇敬的人数。在此期间，犹太人的实际宗教财富为 20,790 亿美元（1.1%）。

有 7,384,680 名高净值人士(HNWI)，占高净值人士（HNWI)总数的 56.2%，其次是穆斯林(885,410)(6.5%)、印度教徒(512,460；3.9%)和犹太人(223,380；1.7%)。大约 4,165,380 名高净值人士（HNWI）成员没有宗教信仰或"其他"宗教信仰。"绝大多数被归类为'另类'的高净值人士（HNWI）生活在中国和日本。相当多的人也生活在美国、欧洲、韩国、台湾、新加坡和香港，"报告称。

该报告还指出，十个最富有的国家中有七个（由富裕人士列出）处于基督教统治之下。它们包括美国、英国、德国、瑞士、加拿大、法国和澳大利亚。中国、日本和印度是个例外。全球人力资源总额达到 195 万亿美元，高净值人士（HNWI）仍拥有约 66 万亿美元。新世界财富（NWW）提供全球经济资料，重点关注非洲和中东地区。基督教教导人们，财富本身并没有错。更糟糕的是对财富的渴望。提摩太说：

贪财是万恶之源。（提摩太书 6:10）

根据圣经，许多基督徒相信人们应该用他们的财富来帮助穷人。人们有责任互相帮助，因为他们都是全球大家庭的成员。

管理

《创世纪》中，上帝赋予人类创造的特殊责任-人类必须培养、保存并明智而公正地使用它。上帝赋予第一个人亚当照顾他为亚当居住的花园的责任。

上帝告诉人类。（创世记 9：3）

"每一个活着的会动的动物都可以作为你的食物。就像我给了你绿色植物，现在我给了你一切。"

这段经文意味着所有人，不仅仅是亚当，都将享受世界的财富。许多基督徒认为，上帝并没有打算让人类使用和破坏自然。作为创造的管家，人们鼓励人类照顾上帝赐予的地球。

生命的圣洁

人的生命是神圣的，应该受到尊重和保护。人类是按照上帝的形象创造的：然后上帝说：

"让人们按照人们的形象，按照人们的样式造人。"（创世记 1:26）

这意味着人们应该受到尊严和正义的对待。

同情

基督徒相信，耶稣教导他的追随者要爱人如己（马太福音 22:39），并以他们希望被对待的方式对待他人（路加福音 6:31）。

判断

许多基督徒相信他们将根据他们是否说明了最需要的人而受到评判：

"在这个比喻中，好人关心他人，得到天堂的回报。恶人不助人，下地狱。"

永生

耶稣告诉那个富有的年轻人去变卖他所有的，给穷人钱，让他们享受天上的财富。他对马克说：

"去变卖你所有的，分给穷人，你就会有财宝在天上；那就跟我来。"

1. 基督教与伊斯兰教

追求财富的态度和经济行为差异很大。这个问题是有争议的，并产生了很多争议。即使在单一文化、国家或宗教小区中，也很难确定该主题的唯一适当位置。在他关于经济问题的著名演讲中，甘地谈到了耶稣的说法，即不可能同时侍奉上帝和财富（奥斯汀 564）。然而，与精神救赎相反，唯物主义的概念并没有被普遍接受。

目前，伊斯兰教和基督教是世界上最大的宗教。对基督教和伊斯兰教所谓财富的合法性的研究应该基于对这些宗教完全依赖的圣经的审查。虽然基督教界对于创造财富的看法多种多样，但将追求财富描述为信仰障碍的观点是最根本和被广泛接受的。伊斯兰教容忍并鼓励追求财富，似乎非常符合经济愿望。

2.基督徒对唯物主义的态度

基督教是全球唯一信徒最多的宗教，基督徒人数达到近 20 亿人。这种宗教信仰独一的上帝，因为它宣扬上帝的独一性。它属于基督，因为它源于上帝、圣子和圣灵所创造的精神传统。

耶稣基督的生平和教义为基督教奠定了基础。基督徒相信拿撒勒人耶稣是上帝的儿子和人类的救主，他的到来早在旧约圣经中就已经预言了。基督教的三大教派包括罗马天主教、东正教和新教。

圣经揭示了基督教信仰的基础。圣经中最重要的事件是基督的复活。耶稣是从上帝而来的，只有通过耶稣才能得到宽恕。耶稣来到这个世界，为人们的罪付出代价而死。

三位一体是另一个重要的圣经概念。上帝被认为是三个位格：圣子、圣父和圣灵。基督教教义包括相信教会的神圣性和圣徒的共融。基督徒正在等待审判日和基督的第二次降临。

追求财富的态度在圣经中有所体现。

人们现在要关注圣经对物质事物的看法。他们对金钱和经济抱负的态度因许多不同的基督教教派和数十亿的信徒而异。圣经是理解基督教及其思想的终极来源。因此，研读圣经是寻找基督徒和谐与追求财富真理的最佳途径。

旧约热爱这个世界的美好事物，包括物质事物的好处，但谴责那些因卓越而统治它们的人。在圣经的这一部分，上帝并没有轻视那些利用穷人谋利的人。相反，他关心的是伸张正义并警告那些剥夺他人物质权利的人。一些谚语甚至提出了恶行导致贫困的想法：

"贫穷是恶行的结果；它会像小偷一样临到你，像武装的人一样需要"（箴言 6-10）

同时，财富被认为是上帝的礼物。拥有它的人应该感谢上帝：

"你要记住你的上帝，因为是他赐给你财富的力量"（申命记 8-18）

虽然最初的遗嘱没有把财富说成是坏事，但追求财富被认为是一种不好的做法：

"不愁发财；有自制力。"

"只要看这财宝，它不会消失，因为它会展开翅膀，像鹰一样在天空中飞翔"（箴言 23-4）

虽然旧约认为财富是礼物，但它并不支持追求财富。在耶稣的时代，人们认为贫穷是对错误的惩罚和由于上帝不配的仁慈而导致的物质繁荣，而耶稣并没有这种愿景。新约对经济地位的渴望提出了截然不同的观点。在耶稣基督的教义中，财富被视为一种危险和救赎的障碍。追求物质财富往往是徒劳的，而精神财富则被视为终极目标：

"不要再在地上为自己积攒财宝了，那里有蛀虫和锈迹，还有盗贼闯进来偷窃的地方。却要为你的财宝积攒在天上，那里既没有虫蛀，也没有锈迹，盗贼也没有突破，也没有偷窃"（马太福音 6-19）

耶稣鼓励追求永恒的财富，而不是一时的财富。贪婪被谴责：

"没有人可以为两个主人做奴隶。要么你恨一个人而爱另一个人，要么你臣服于另一个人而鄙视另一个人。你不能侍奉上帝和金钱"（路加福音 16-13）

耶稣和财主之间的一段众所周知的谈话表明，唯物主义是信仰的障碍。耶稣建议避免金钱：

"变卖你所有的东西，分给穷人，你就会在天上拥有财宝。来跟从我"（路加福音 18-22）

然而，财主不能否认他的财富，即使他决心继承永生。耶稣在富人离开后所说的话，被甘地描述为永恒的真理（奥斯汀 563），因为他揭示了追求财富的罪恶本质：

"骆驼穿过针的眼，比财主进神的国还容易"（马可福音 10-25）

虽然旧约和新约对金钱的态度有所不同，但圣经对追求财富的总体态度在两者中都有明确的表述。从这个世界上获利的努力是愚蠢和罪恶的。只有属灵的人才能被认为是正义的。追求物质繁荣被视为救赎的障碍。

3. 基督徒与财富的兼容性

许多基督徒认为追求财富是信仰的障碍。这一立场得到了基督教小区的知识和圣经的支持。所有主要基督教教派的官方代表经常强调世俗诱惑的危险。对财富的渴望被描述为与救赎相反。贪财的人事奉钱财，不能好好事奉神。基督教文化尊重克己和经济抱负的谦虚。

在基督教圣徒的传记中可以找到对这一立场的认可，他们体现了地球上的正义生活。东正教和天主教都将圣徒尊为上帝的选民。因此，他

们的生活方式可以被视为与基督教信仰更紧密
地联系在一起。

对他们生活的分析揭示了许多圣徒最常见
的特征：不关心财富、放弃物质财富的态度和世
俗的追求。特蕾莎修女是世界上最受欢迎的天主
教圣徒之一。她的生活是一个缺乏经济抱负的例
子，因为她生活在贫困的誓言下（传记母亲特蕾
莎 第8页）。

他证明了追求永恒财富而不是物质财富的
重要性。萨罗夫的塞拉芬（俄罗斯城镇的名称）
是东正教最受尊敬的圣徒之一，他过着完全奉献
的生活，尽管他在生前就在人民中广为人知（米
兰特第3部分）。特蕾莎修女和萨罗夫的塞拉芬
都没有努力获得财富。它反映了基督教普遍倾向
于赞扬那些没有物质利益的人，而不是批评那些
追求物质财富的人。

然而，也有一些基督徒追随者的观点，他们
认为为财富而奋斗是信仰的自然结果，可能是诚
实人的工作。这一立场的支持者，尤其是新教徒，
经常将物质繁荣视为上帝给选民的礼物，他们将
财富视为上帝统治的象征。这个想法是，在信徒
的尘世生活中给予物质祝福是上帝的优先事项
之一（别玛和楚第2段）。

然而，这种立场与基督教和圣经本身的基本
观点相悖。耶稣认识到好人渴望财富，而不是永
生。基督教的基础是相信与物质繁荣相关的人间

天堂只不过是尘土。因此，因信仰而追求财富的观念并没有宗教和经验的健全基础。

4. 穆斯林追求财富的态度

伊斯兰教是世界第二大宗教。他们相信一位上帝。其追随者人数达到约 15 亿。伊斯兰教始于公元七世纪，以穆罕默德的讲道为基础。穆斯林将摩西和耶稣视为上帝的先知，穆罕默德被宣布为上帝派到这个世界的最后一位先知。伊斯兰教的追随者被称为穆斯林。伊斯兰教的主要文本是古兰经，是真主的最终启示。伊斯兰教的主要分支是逊尼派和什叶派。

《古兰经》揭示了伊斯兰信仰的基础。安拉被认为是唯一的上帝。安拉创造了宇宙，他的本性超出了人类的理解。穆斯林相信先知教义的真实性，承认穆罕默德是人类的主要使者。他们相信当社会的所有好事和坏事都将被消除时复活。

《古兰经》揭示了追求财富的态度。伊斯兰世界的不同社会对金融问题表达不同的看法，导致对金钱和经济愿望的不同态度。伊斯兰教与古兰经密不可分。在追求财富的过程中探索伊斯兰教的真正本质的最好方法是阅读《古兰经》。它可以清楚地理解在伊斯兰教中实现物质繁荣和拯救的努力中的相似之处。

尽管在圣经中可以找到将财富视为邪恶和将贫穷视为正义象征的文本，但《古兰经》并不支持相同的信仰。在本文中，财富不被视为救赎的障碍。因此，没有证据表明追求财富是一种罪过，与深信不相容。圣经谴责对财富的追求，而古兰经则对诚实公正地获取物质财富给出了具体的指示。

追求财富被认为是人类的自然愿望，因为安拉为了人类的利益创造了财富：

"不要把钱给不成熟的人；上帝让你去支持那些需要帮助的人。"

人们不应该落入唯物主义的陷阱，因为它会导致信仰薄弱。《古兰经》并没有责怪人们追求物质繁荣。他强调正确行动以获取财富的重要性：

"而且你不可以不义地吃掉每个人的财富，也不可以贿赂贵族以不义地吃掉人民的财富，你知道的。"

《古兰经》认为信仰与创造财富完全一致，这一事实也可以从文本中关于实现物质繁荣的各种方式的许多指导方针中得到证明。《古兰经》谴责贿赂、招揽和借贷。它鼓励人们建立财富，但强调将其用于安拉的重要性：

"那些日以继夜、秘密地和公开地花费他们的财富的人，将从他们的主那里得到他们的回报。他们没有恐惧，也不会感到难过"（小母牛，古兰经中的古兰经名称，第 274 段落）。

对《古兰经》的分析揭示了伊斯兰信仰与追求财富的兼容性。《古兰经》将经济愿望确定为诚实人生活的常规部分，它控制着如何获得财富和使用财富。关于伊斯兰教与追求财富的兼容性有不同的看法。大多数穆斯林认为财富是来自安拉的支持。物质繁荣不被谴责，也不怪真主。这被认为是安拉赐予生活在地球上的人们的自然结果。人们应该享受安拉赐给他们的美好事物。追求财富受到鼓励并牢牢植根于伊斯兰法律。伊斯兰教并不谴责对物质繁荣的渴望。它限制了创造财富的方法，穆斯林谴责滥用和不公正的获取财富的手段。只有以正确的方式实现物质繁荣，才能取悦真主。

在伊斯兰教中，巨额财富不被认为是一种罪过，它被认为是一种给拥有者带来沉重负担的诱惑。伊斯兰传统严格遵守规则，迫使富人将部分财富捐赠给慈善机构。拥有更多财富的人应该与穷人分享。另一个关键点是钱应该用于好事而不是收集。一些苏菲派的追随者将追求财富视为一种罪恶，并经常否认自己对物质事物的快乐和追求。这一立场在穆斯林世界受到逊尼派和什叶派（伊斯兰教教派）的广泛批评，因为它不符合古兰经中的教义，并导致对信仰的奇怪理解。穆斯林将衣食视为真主提供的世间乐趣，批评克己的生活方式（奥马尔 第2段）。

大多数穆斯林认为贫穷和爱没有什么好处，他们认为否认世俗的幸福是对安拉的罪行，安拉创造了人们来享受它。根据伊斯兰教的信仰，那些拒绝尽其所能获得物质财富和舒适生活的人是有罪的。因此，苏菲追求财富的立场不能被认为是正当的，因为它没有得到很好的支持。基督教和伊斯兰教教派的主要区别在于对财富的追求。最后，基督教和伊斯兰教在追求财富方面的作用不同。尽管伊斯兰著作和文化与经济有关，但基督教文学和文化将创造财富描述为信仰的障碍。

圣经为唯物主义的罪恶本质提供了充分的证据，而新约圣经也给出了耶稣教导拒绝唯物主义并将其描述为罪的各种例子。同时，贫穷被表达为一种美德，它提供了许多得救的机会。《古兰经》说，追求物质繁荣是享受真主所赐福祉的自然方式。虽然《圣经》谴责那些决心致富的人，但《古兰经》限制了他们获得和使用财富的方式，并鼓励人们做正确的事。

基督教传统认为，对物质繁荣和精神进步同样感兴趣是不可能的。因此，追求财富常常阻碍人们快乐地事奉上帝。伊斯兰文化将创造财富视为崇拜安拉的重要组成部分。尽管基督教倾向于偏爱那些拒绝追求财富的人，但伊斯兰教确实否认剥夺财富。两种文化都以有辱人格的方式强调过度财富的罪恶本质。他们还断言，对财富的追求会使人对信仰视而不见并导致灾难。

关于在一个宗教中追求财富有许多相互矛盾的理论，有时很难定义普遍接受的东西。阅读宗教所依赖的经文有助于澄清信仰在各种事情上的真正本质。圣经和古兰经给人的印象是早期基督教和穆斯林在金融问题上的传统。

宗教在追求财富和信仰方面的官方立场也可以根据宗教界授权代表所表达的观点进行分析。虽然基督教倾向于批评经济突出地位，但伊斯兰教将创造财富视为正义生活的一部分，并热爱它。因此，伊斯兰教似乎与追求财富更紧密地联系在一起。

5. 基督教与财富相容吗？

没有人预料到圣保罗的脚步会成为全国金钱辩论的支柱，而信仰必须与 2011 年和 2012 年的担忧联系在一起。毕竟，犹太-基督教文化提供了一种表达这种担忧的语言。

在意识收集中感受到了对不可能侍奉上帝和玛门的担忧。虽然人们认为骆驼穿过针眼很容易，然后有钱人进入天国，记住耶稣的一句名言。他劝他的门徒把属于西泽的东西交给西泽，把属于上帝的东西交给上帝，清楚地区分属灵的和物质的。

你不必相信天国和上帝就能明白他为什么开车。 杰西·J 的歌曲《价格卷标》一经发行便登上了十二个国家的排行榜，这绝非巧合。它敦促人们忘记价格，记住音乐，上面写着：代表灵魂还是金钱？挑战可以在圣经中找到。

金钱有阴暗面。"跟着钱走"他说，这将暴露人类行为和旧观点的可疑动机。金钱可以带你到一个较低的层次。

或者有与各种令人震惊的情况相关的金钱。人们害怕"违反"或"狂喜"。在经济上，人们正在经历"萧条"，多年"低息"。报纸上比比皆是的比喻每天都在提醒人们心智和财务梦想受损。但这个故事可以被巧妙地压制。与其坚持选择和分离，不如考察金钱如何导致物质获得精神，反之亦然；上帝怎么能和玛门混在一起。已去世的心理学家詹姆斯希尔曼将金钱描述为"心灵的真相"，即介于物质和精神事物之间的第三种状态。这是在人们努力团结生活中许多对立力量的过程中。它会造成如此多的痛苦，即使它是生活中不可避免的一部分。

圣保罗本人就是这种斗争的代表。灵魂的生命被它的大理石墙所支撑，尽管赞美诗如果没有保存、照亮和燃烧它的材料就无法歌唱。此外，它下降到通风的氛围中，在高高的祭坛下，你会发现一个英雄躺在坟墓里，里面有圣人尼尔森的骨头。大教堂的中心是一座试图统一政治和宗教的纪念碑。

此外，想想金钱和爱情之间的联系。 希尔曼指出，"使用"这个词具有生殖器和身体的含义。或者可能有一种安全感，这可能与人们对金钱及其人际关系的看法有关。避免亲密关系的人也可能会说金钱对他来说并不重要。迫切需要爱

的人可能会通过成为一个贫穷的人来表达这种
恐惧。阿瑟·叔本华（德国哲学家）明确将金钱
定义为"冻结的欲望"。

古代世界了解这种联系。"钱"这个词的起
源与莫奈塔（罗马神话中的女神）有关。他的庙
宇是宝藏。她是博物馆之母，可以说金钱是一种
极好的思维方式。它迫使精神与物质事物接触，
因为如果用金钱购买的手段很容易，思想就可以
变为现实。没有钱，文艺复兴就不会蓬勃发展，
这并不可耻。

基督教传统明白金钱也能谋生。并不是每一
分钱都被浪费了。相反，它是一种奢侈品，被描
述为没有思想的金钱，没有灵魂的东西。换句话
说，金钱必须为谋生而工作，即使它会试图奴役
人们。耶稣的观点是你不能侍奉上帝和玛门。

在这些困难时期，作为看护者的寻求真相的
组织至关重要。人们没有股东或百万富翁，这意
味着人们的新闻业没有商业或政治影响-这让人
们与众不同。在从未如此重要的地方，人们的独
立性使人们能够无所畏惧地调查、挑战和揭露当
权者。

6. 基督教关于财富与贫穷的教导

在这里，我将解释基督教关于财富和贫困的
教义。基督教关于财富的观点和基督教关于贫困
的观点。我将使用圣经中的许多陈述，教会的旧

约和新约，以及福音；财富是富裕和繁荣的状态，有物质和金钱，而贫穷则被定义为富有或贫穷，拥有很少或没有财产的状态。

基督徒相信财富可以用来做好事，也可以用来做坏事。例如，金钱可以被明智地用于为穷人购买食物，也可以被滥用于向恐怖分子提供武器。耶稣一直教导说，财富不会带来真正的幸福，这些财富不会导致傲慢和自我牺牲。

"要谨防贪婪，因为人的生命不是由他丰富的财产组成的。"（路加福音 12:15）

许多圣经教导说，如果你对金钱有错误的看法，你可以逐渐远离上帝。在愚人富翁的例子中（路加福音 12：13-21），耶稣讲述了一个富有的农夫的故事，他有丰富的收成，决定建造更大的仓库来储存他多余的粮食。这样做之后，他想他有足够的财富积攒了很多年。于是，他决定吃喝玩乐。然而，农夫当晚就死了，所以他没有时间享受他的财富。这个故事教导人们不要相信上帝以外的任何事物，上帝祝福财富的目的不是隐藏你的财富，而是明智地与他人分享。

耶稣一直教导人们不应该在他的生活中追求财富，而应该尝试在精神上丰富自己：

"不要为自己积攒地上的财宝……却要为自己积攒天上的财宝。（马太福音 6：19-20）

基督的教义规定人们不要聚集大量金钱，金钱应该用来提供体面的生活水平，但基督徒应该诚实地做这件事并明智地使用它。洗钱的一个例子是贩毒和犯罪。

"贪财是恶之根。"（提摩太前书 6：9-10）

基督徒应该只通过合法和道德的方式赚钱，不应该从事剥削人的生意，例如色情业和赌博业，涉及赚很多钱，或者赚很多钱。尽管如此，"渴望富有的人……被各种愚蠢和有害的欲望所笼罩，使人陷入毁灭和毁灭。

基督徒相信世界由上帝创造，因此被教导将世界视为上帝的礼物，并按照上帝的意愿对待。"宇宙是上帝创造和创造意志的产物，它的所有组成部分都是相互依存的。"男人和女人必须是主人，而不是剥削他们的物质、动物和精神财富。卫理公会的声明，地上的财富被平分。上帝也说他的子民应该成为地球的主人，为新一代的人照顾地球。

在天才或浪子的比喻中（路加福音 19：11-26），耶稣教导说，上帝希望人们传给下一代，而不是传给他们的。

基督徒相信财富应该用来减轻痛苦和贫困。耶稣总是通过给他们工具，金钱和食物来帮助穷人，这在（马太福音 5:42）中有所体现。

"给每一个向你求的人；夺走你财物的，不要再问他们了。"

基督徒总是被教导要帮助穷人，并与穷人平等分享他们的财富。好撒玛利亚人的比喻表明（路加福音 10：25-37），耶稣表明了基督徒爱邻舍和爱基督的命令。这意味着他们必须说明任何有需要的人，无论他们住在附近还是远方。

"但谁拥有这个世界的美好，看到他的兄弟有需要，而对他闭上怜悯之心，上帝的爱怎么会存在于他里面呢？小孩子，你的宠物不应该只是文字；什么有效，什么是真理。"（约翰福音 3：17-18）

简而言之，基督教教导财富本身不是邪恶和错误的，但它的使用可能是有害的。基督徒不应该为自己寻求金钱。它需要钱来满足基本需求并过上体面的生活，但基督徒必须诚实地去做并明智地使用它。基督教还教导说，基督徒是地球的管家，对上帝的财产负责，应该与穷人分享食物和财富。耶稣和教会的教义告诉他们用他们的钱来结束贫困和苦难。

7. 圣经经济政策

作家们设定了道德标准，以表明基督教的基本真理应该支配人类生活的方方面面，尤其是经济方面。为了帮助建立和实施这些真理，阿诺特和赛多梅托夫制定了"圣经经济学十诫"。这十条规则是：

- 人们应该感到舒适
- 好作品
- 不要盗窃
- 不希望
- 使用可靠的步骤
- 交易很好
- 爱你的邻居如同爱自己
- 照顾寡妇和孤儿
- 做一个好撒玛利亚人
- 尊重当权者

这些原则不仅仅是一种了解圣经如何重视经济思想的方法，而是一种实用的指南，可以在金钱和金钱的暴风雨中航行。尽管"圣经没有谈到任何形式的政府或经济政策，……圣经观点包含允许政治、经济和宗教/道德自由的原则"。

因此，阿诺特和赛多梅托夫解释说，利伯维尔场是人们可以制定的最准确、最贴心的经济计划，其重点是爱邻如己。"这就是利伯维尔场的美妙之处：生产者使用他们的私有财产来帮助他们的邻居"。总而言之，这种观点虽然不是一个完美的体系，但利伯维尔场对人类繁荣有着深远的影响。

基督教与世界经济

"第一世纪的经文是否告诉基督徒如何应对 21 世纪的宏观经济政策？人们相信这一点"。阿诺特和赛多梅托夫将圣经真理与经济体系联系起来，带来了推动圣经生活方式的知识、热情和力量。这本书以一种优美的方式阅读，触及读者的上下文，并用一个关键问题挑战他们："人们应该这样对待圣经经济吗？"阿诺特和赛多梅托夫通过吸引他们的听众并使用真实经济实践的例子，深刻地提醒基督徒，治理不是自我提升，而是做出取悦和荣耀上帝的决定。

1. 圣经关于财富的教导

根据圣经，财富本身并没有错，更糟糕的是对财富的渴望。基督徒相信财富应该用来说明有需要的人。导致贪婪的财富在圣经中有简短的描述，因此基督徒努力确保物质事物和欲望不会干扰他们的宗教信仰，并将上帝放在首位。

2. 寻找财富

基督徒认为人们致富的道路是必不可少的，他们不想通过赌博或彩票致富，因为这会助长贪婪。一些基督教教派，如贵格会，断然拒绝参与赌博。

耶稣教导了财富以及富人应该如何去做。

当一个有钱人问耶稣他怎样才能进入天国时，他说他已经在遵守诫命了。耶稣告诉他把所

有的财富都扔掉：富人进神的国比骆驼穿过针眼还难。 （马太福音 19:24）

3. 财主与拉撒路的比喻

以拉撒路和财主为例，耶稣向他的追随者讲述了一个财主，他一直过着舒适的生活。门外有一个叫拉撒路的乞丐。乞丐身无分文，一无所有，富人却不理他。财主和拉撒路死后，耶稣教导说拉撒路去了天堂，财主下地狱。

在地狱中，财主要求亚伯拉罕用一滴水冷却他的舌头，亚伯拉罕拒绝这样做，就像财主没有帮助拉撒路一样。富人补充说，问他是否可以回到地球，并警告他的兄弟们不要像他一样被送入地狱。这个要求被重复了，因为他的兄弟们要听先知的话。

儿子，记住你在你的生活中也得到了你的好东西，而拉撒路也得到了邪恶的东西，但现在你在这里得到了安慰，你在痛苦中。（路加福音 16:25）

这个比喻传达了世俗的事物不会影响来世，这些财富不会自动让你在天堂占有一席之地。一个人如何处理他的金钱和财产是一个重要因素。在地上受苦的人，会在天上得到报应。

4. 寡妇的奉献

在寡妇的小钱的例子中，耶稣清楚地表明，这不是人们给予和捐赠的金钱或财产的数量，而是给予的金钱数量。寡妇把她所有的都捐了出去，这对有钱人来说已经绰绰有余了。我实在告诉你们，这个可怜的寡妇投的比他们投在库里的还多：

"他们都捐出自己的财富，但她出于贫困而投入了一切；她所要做的就是活下去。"

第三章 信仰与基督教财富

本章着眼于基督徒对基督教的建立和世界经济的反应。这里的关键问题是，"你凭什么权柄做这些事，谁给了你这个权柄？"（马太福音21:23）

谦卑的基督徒在他们的思想中是否看到了教会的权威或政府？国际贸易的引入是否被认为破坏了对"基督教"国家的任何考虑？是否表明宗教干预世界经济事务是必要的？基督徒在国际贸易论坛上使用的论据是否反对有关该主题的拟议法律：一些研究人员的结论表明，反对进一步扩大全球贸易的基督徒可能会以某种方式从这种反对中受益。广泛涵盖圣经文本可能引起的许多问题，并进一步考虑国际论坛上的教会历史和运作。那些从基督教世界的角度反对宗教参与财富和世界经济的人现在是少数。

这里出现了一个问题，即对宗教和经济重要性的理解表明了他们对精神财富的态度。有两种类型用于考虑基督教对建立宗教参与财富和国际贸易的反应。一些研究人员使用圣经或上帝作为他们在这个主题上的权威。那些在"家庭、经济和社会问题"类别中的人在提出他们的问题时会使用很多控制权。作家们似乎常常认为文本或上帝的权威，而不是教会，高于那个国家。

1. 自卑与基督教财富

新教徒勒内 Padilla（厄瓜多尔神学家）将基本的基督教基础小区或 Comunidades Eclesiales de Base（CEBS）描述为"渴望根据圣经理解和响应他们的实际问题的一小群贫穷和受压迫的基督徒"。

CEBS 诞生于梵蒂冈二世和 1968 年麦德林（西哥伦比亚市）拉丁美洲天主教主教会议之后，该会议专注于教会的社会问题。尽管被监禁在解放神学运动中的宗教领袖帮助建立了 CEBS ，但许多人都是从圣经聚会开始的，遵循早期抗议引入的严格的虔诚派传统。

2. 巴西教会

由于神父短缺，农村农民和拉丁美洲城市贫民窟居民之间的 CEBS 迅速增加，特别是在巴西。有一个 CEBS 百万评级，平均每个有 30 名成员。

从举行政治会谈到修建道路、泉水和医院，CEBS 参与了各种活动，挑战基督徒生活的文化挑战。他们超越了普通的圣经研究，证实了人们参与教会生活的愿望，在日常生活中凭他们的信仰生活，并在他们的成员中创造了一种新的合一感。

3. 改变财富管理的基督徒领袖

结合培训形成的生态宗教产业可能是一个新概念，但它确实有效。在基督教世界中，财富储存和精神满足感会显著增加。但指导不仅仅涉及圣经教导和达到工作基准。基督教的金融模式努力照顾每个人，这是一些金融专家已经获得的哲学。经验丰富的宗教人物教年轻员工如何区分自己的身份和成功，庆祝胜利者并以一些结果价值观从宗教中回归。该计划创造了一种高度诚信和低疲劳的文化，为行业长期、健康的未来提供指导。当人们想到财务顾问时，他们相信贪婪和傲慢。

毫无疑问，感恩节被认为是人们生活的重要方面。一颗感恩的心是贪婪和傲慢的解毒剂。财务部的利润和关系都在增长，一年内增加了数千名团队成员。如果世界领导人可以根据他们的价值观而不是他们的想法做出决定，他们就可以改变追随者的想法，促使他们在生活中表现出感恩和慷慨。

4. 按照圣经的指示进行投资

许多基督徒想要结合他们的精神和经济利益，但不知道从哪里开始。人们当今可以用人们的钱做出哪些切实可行的决定，以在明天有所作为？

基督的忠实追随者相信基于圣经的投资是一个答案。人们一生都在寻找建立财富和资产的方法。基督教导人们通过启动严格的内部审计程序来保护自己免受不感兴趣的邪恶赚钱方式。人们经常看到宗教禁止的商业行为，但无论如何人们都会陷入对金钱的贪婪之中。如今，每个人都在寻找新的方式来繁荣和致富，以创造一个更安全、更美好的未来。遵循耶稣基督和圣经的教导，人们可以在这个世界和来世实现健全的生活。

至于基于道德的评估而不是利润将承受竞争优势的担忧，美国新闻杂志的凯里·库尔普证实，对经过道德测试的投资选择没有不利的财务影响。"在过去五年中，基督教投资论坛内所有股票基金的总利润远高于该行业平均每年 77 个点，"他写道。

烽火财富顾问总裁卡桑德拉·莱蒙认为："福音的积极影响有助于每一分钱都投入到前进中。客户按照圣经原则实践一种深刻的奉献形式，他们的投资是投资于为他们的小区提供服务的公司。"

信仰驱动的行业改变了整个行业，遵循圣经、基督和福音的 CEO 通过经营业务来为客户提供说明，从而塑造了追随者的财务状况。能看到的最令人兴奋的事情是顾问和投资者之间的心意转变，以及基于圣经的投资对上市贸易公司的积极影响。有生命的资产，引导新一代，投资圣经，几位著名的公司 CEO 都是一个组织的一部分，该组织将福音市场转变为员工满意度和他们自称的客户。

5. 基督教财务管理

基督教资金管理是一种资金管理形式，旨在关注上帝的荣耀和目的。

只有与基督的福音和谐相处(腓立比书 1:27)

基督教处理金钱的方式比投资现金或避免债务更广泛。它是关于你如何思考和管理你手中的所有资金。管理基督徒的钱财需要一个思考的过程，引导你使所有的财务都与神对你的旨意相一致，并且配得上福音。以下是要牢记的四件事：

6. 财务管理的目的

许多人在生活中绊倒并应对这种情况。他们将财务决策视为必需品或外表，他们没有适当的指导方针或全面的计划。那么，圣经财务管理如何以不同的方式看待这一点呢？然而，如果你的目的是在一切事上跟随耶稣(过着值得福音的生活)来荣耀神，那么你思考和管理金钱的方式就会反映出这一点。这将涉及良好的行为，并不总是采取简单的方式，例如在人们前进时使用信用。

因此，第一步是想一想当你把耶稣放在首位时，你的财务生活应该是什么样子。第一步应该是写下你的动机和信念，就是你会做什么，你不会做什么。它可能看起来像这样：我希望以耶稣为中心，在圣灵的引导下过我的生活。我想成为真正的门徒，关心耶稣关心的事情。我要过一种为信仰和工作而自我牺牲的生活，一种配得上福音的生活。在圣灵的引导下，我将掌管神托付给我的钱。我的财富将反映我对耶稣的信心，我要撒种在天上的财宝中（马太福音 6:20）

7. 特殊财务担保

以下是与基督教财务管理直接相关的六项圣经原则或标准：

- 所有的东西，包括金钱和资产，都是从神而来的，应该用于神的目的和荣耀（罗马书 11:36）。
- 我能永远赚到的最好和最明智的钱（马太福音 6:20）。
- 贪婪就是拜偶像（以弗所书 5:5）。
- 上帝会赐给我需要的一切（腓立比书 4:19）。
- 我可以满足于上帝给我的任何东西，因为他永远不会离开我（希伯来书 13：5）。
- 在与上帝的关系中而不是在金钱中找到你的幸福（诗篇 16:11；诗篇 144:15）

8. 虔诚地考虑你的优先事项

人们收到的优先事项是一个基本问题，人们想要什么决定了人们的钱去哪里。当面对复杂、关键且经常相互冲突的决定时，人们必须小心。而且由于人们中的许多人的要求比人们拥有的钱更多，这可能构成真正的危险。如果人们没有清楚地思考，人们可能会做出可能产生长期后果的错误决定。

通常，这些债券的持续时间可能会带来压力。例如，虽然人们可能买不起新房或汽车，但人们可能无法扣除新移民或大学生可以带来的额外费用。随着人们制定财务管理计划，住房、交通、捐赠、大学费用、退休、假期、圣诞节以及人们孩子需要的所有东西都变得必不可少。

刻意关注人们的优先事项可以帮助人们了解未来会发生什么，也可以帮助人们设定偏好。大多数人都会处理这个问题，并对他们的财务技能有一个大致的了解。以下是有关基督教财务优先事项的更多详细信息。

9. 创建/查看你的预算

预先计划好的预算可以说明人们了解人们赚了多少钱以及人们在哪里花钱，这将有助于人们做出明智的支出决策。如果人们把它写在"纸上"，人们就能更好地理解它、谈论它并做出改变。虽然制定预算的想法可能会带来压力，但如果人们要拥有一个迫使人们思考决策的财务结构，这一点很重要。

如果你是一个知识渊博的人，你可能想制定预算，但大多数人不这样做。令人欣慰的是，它不必复杂或耗时。虽然有些人喜欢细节，但大多数人不喜欢计算每个细节的成本。因此，许多人需要有一种简单的方法来处理预算。

10. 创建操作步骤

有些步骤可能影响深远、复杂且基于信仰。要处理的最重要的事情可能是简化你的生活、消除消费者债务、降低保险成本、减少娱乐/食品费用以及创建参考。以下是令人兴奋的研究，基于耶稣所说的管理金钱，称为学习在耶稣里管理金钱。

11. 基督教金钱管理

虽然你的管理计划应该包括你如何投资你的钱，但这只是一个次要因素。圣经财务管理包含决定你财务决策的所有因素。当人们在投资决策上强调符合圣经的财务管理时，人们会做出重要的财务选择。

虽然人们的生活和消费习惯确实总是可以改变的，但根据基督和圣经的教义，定期检查人们的财务管理系统是很重要的，做一些小的改变（有时是重大的改变）。

12. 基督教财务

每个人（无论是否基督徒）对资金管理不是偶然发生的，总是有一个目标和一个错过的目标。确保你清楚地写下来-你想要什么以及为什么。

在人们面前做出新的决定与衡量是不同的。这不是一件小事，你希望到达你想去的地方。这一切都是为了在人们选择金钱时跟随耶稣。人们必须祈求指引，避免赚得超过所需的钱。尽管预算不是财务管理工具包中的唯一工具，但它是必不可少的。

13. 根据基督教选择财务计划

你应该对根据基督教指导你的财务计划感兴趣。人们会思考围绕人们工作中"诚实"部分的问题，这些问题来自不断寻找优秀基督徒财务顾问的潜在客户，以及那些寻找优秀、可靠规划师的客户。以下是对基于宗教的观点可以为你的预算讨论带来的解释：

一位基督徒财务顾问渴望学习价值观

最重要的是找到一个与你价值观相同的导师。你想找到一个能看到你并想了解什么人对你很重要。人们与许多客户交谈，他们的前导师未能加入他们对什一奉献或如此慷慨的热情，他们发现很多空白的目光不在这里。如果你想用你的钱荣耀上帝，人们很乐意帮助你达到那个里程碑。

你不必成为基督徒就可以跟随基督的引导。世界上许多非基督徒都遵循基督教的财务计划，即使人们的信仰不同。

反过来说：名片上的鱼牌并不能保证效率。人们都听过邪恶的"基督徒"顾问的故事。你必须努力工作，寻求建议并提出许多问题，坚持价格修正。

基于信仰的计划者促进慷慨，基于圣经教导的慷慨是健全管理的一个关键目标，也是人们与基督徒和非基督徒打交道的一个组成部分。

基督教经济意识形态将你的想法与你的投资结合起来，基于信仰的投资是一个机会，它可以避免破坏世界的公司，并接受导致人类繁荣的公司。它专注于投资遵守圣经原则的公司（即使基督徒不处理这些原则）。精心策划的财务状况有助于投资那些通过"投资于圣经承诺"来尊重员工并造福小区和环境的企业。

基于圣经的财富比金钱更有价值

一个人应该对自己的信仰提出深刻的问题。了解你的财务目标和习惯，包括哪些"财务书籍"可能会阻碍你做出财务决策。尝试与基督的教导进行有意义的对话，其中包括你的身份并非来自财富。是的，金钱可以给你一些安全感和幸福感，但世界上所有的金钱都不能阻止你变老、生病或失去亲人。金钱无法保护你免受可能影响你的事物的侵害。

基督教金融爱好者应保持高标准的诚信

事后看来，你可以期待有宗教思想的规划者会追求更高的价值观。这并不是说非基督徒会不忠，或者在某人背后看到"基督徒"会证明是值得信赖的。遵循基督和圣经的教导，无论发生什么，都不要分散自己对世俗财产的注意力。

财务健康不仅对银行余额很重要，而且对人们家的气氛也很重要。你不必很穷，但收集的钱超过你想要的可能在来世是有害的。

你要意识到管理金钱是一件属灵的事情。你知道耶稣比其他任何话题都更多地谈论金钱吗？耶稣记录的所有话语中有 15%是关于金钱的，而不仅仅是天堂和地狱的教义。为什么金钱对耶稣如此重要？

金钱对耶稣来说并不重要，但人们如何看待金钱非常重要，因为它反映了人们对上帝的态度。拉里·伯克特说："你可以通过查看他们的支票簿来更多地了解他们的精神生活。"

人们拥有的一切都是神赐给人们的，是他的，他委托人们为他的目的使用它。真正的财务成功不是来自于在人们的银行账户中积累大量金钱，而是人们必须遵循上帝对人们财务的计划。当人们这样做时，他会供应人们所有的需要。使用以下三个简单的步骤计划有效地管理资金。

给上帝-你的优先权

作为基督徒，人们在经济上需要的第一件事，就像在生活的所有其他方面一样，应该是上帝和他的工作。处理人们所有的礼物，包括金钱，对上帝来说非常重要。找出人们应该给予多少很容易，因为圣经命令人们将收入的十分之一或十分之一奉献给上帝。这是基督徒奉献的一个很好的开始，应该根据总收入（或商人自己之前的所得税）来计算。

你可能想知道："当人们已经在努力维持生计时，人们怎么能做到这一点？他会告诉人们如何摆脱财务困境，而不是陷入财务困境！事实是，永远不会"足够"给予。如果人们等到人们所有的需求和愿望都得到满足才开始展示，它就不会发生。事实上，根据加拿大的统计资料，一个人付出的越多，付出的可能性就越小。有了更多的钱，就会有更多的欲望。

有趣的是，如今，人们很少谈论他们的实际收入或重要性。与所有秘密一样，这提供了超出其应得的权力。同样，缴纳什一税的人并不以此为荣。相比之下，缴纳什一税的人似乎比不缴纳什一税的人过得更好。这是上帝如何工作的另一个奥秘。

定期留出储蓄

第二个重要步骤是制定一个计划，为不可避免的开支和重大购买留出资金，例如较低的家庭工资、大学教育、假期和退休。这将使你能够投资于金融服务，并消除在没有意义的地方借贷的需要。如果你通过合理的道德储蓄计划一点一点地开始储蓄，结果将是令人震惊的。

不要在计划好你的支出之后再计划你的储蓄，因为经验表明那些尝试的人不太可能成功。你可能会决定将这个百分比作为你的收入，这可能会随着你人生的不同阶段而改变。如果你很快开始储蓄，所有财务规划师都会告诉你。

为了稳健的储蓄，你需要对你的财务和基督的教导有一个平衡的看法。圣经清楚地指出人们应该拯救，但它没有说多少或多少。储蓄的目的是为了满足未来的法律需求，对某些人来说，它会让你成为能够满足他人基本需求的特殊人群之一。

使用你需要的其余部分

管理资金的关键是管理成本。人们需要学习量入为出，满足于上帝给人们的一切。这对人们来说很难，但它是重要的人生课程。关键是要制定一个合理的计划，这是一个基于基督教导的合理计划。留出时间学习使用有价值的工具，例如计算机电子表格或财务程序。假设你不是按照预算计划工作的人，然后花一些时间跟踪你的花钱方式。每次花钱以改善预算时，请尽量保持记录。然后评估你的习惯并决定你想如何继续你需要减少的地方。

致力于此计划，如果你在前两三个月内没有看到结果，请不要气馁。摆脱旧习惯需要时间，一旦你这样做了，你也需要时间来恢复。要有耐心并坚持花费你的预算，因为它有效。

14. 需要考虑的两个基本点

继续谈论金钱作为一对夫妇。一个配偶的收入会比另一个多，但这不是另一位配偶被排除在家庭财务之外的理由。你们都需要了解自己面临的挑战并作为一个团队做出决定。财务问题被列为婚姻关系中的重大问题，它们通常始于一个伴侣的财务状况不包括在内。

如果你有经济问题，请向基督和他的教导寻求帮助。金融解决方案需要改变，其中一些可能并不那么容易。寻找一位合格的理财规划师，他可以帮助你确定问题领域并想出适合你家庭的解决方案。

最重要的是，听听上帝可能会对你的财务状况说些什么。金钱可能是婚姻中的一个分裂因素，但如果你相信上帝并遵循他的计划，它也可以让你更接近上帝。

如果你愿意遵循这个简单的计划，开始明智而虔诚地付出你工资的 10%，相信你的财务状况会有所改善。更重要的是，你会积蓄财宝，这很重要。几个月后，请写信给人们，告诉人们你的财务状况发生了什么变化。

第四章 宗教对贸易的影响

随着世界经济一体化，国际贸易呈指数级增长。商品交易不仅与经济有关，而且在很大程度上影响着文化和宗教部门。本章重点讨论宗教影响国际贸易的方式。它研究了世界五大宗教的观点，即基督教、伊斯兰教、印度教、犹太教、佛教、经济和商业。本章分析了国家之间的密集贸易，发现了商业对宗教的影响。此外，结果表明，精神上的开放提高了国际贸易的效率。

1. 简介

每个人都是经济活动的源泉。个人和文化因素决定了你在经济上的互动方式。尽管人类特征可能被认为是自动的，但文化特征不是；后者可能对经济行为产生重大影响。人们在本章中关注的货币行为会影响国际贸易。世界贸易以每年6%的速度增长，是全球贸易的主要引擎之一。尽管贸易关系的价值似乎保持稳定，但交换了许多资产。

商品贸易不会成为阻碍，也并不总是在文化背景下发生。因此，大多数商品都是交换的。

各国需要贸易伙伴之间的文化交流。一些研究人员认为，全球化减少了文化多样性。然而，冲突在文化问题而非政治问题上有所增加。而且，整个世界不仅创造了机会，也创造了恐惧。另一个强烈的恐惧与保护文化身份有关，这被视为一种重要资产，但受到全球化的威胁。然而，文化方面是什么？为什么文化如此严肃？

文化可以定义为："智人的异常行为以及作为这种行为组成部分的材料。因此，文化包括语言、思想、信仰、文化、代码、制度、工具、技术、艺术作品、传统和仪式等方面（2005 年《大英百科全书》Britannica）。"

除了人与人之间的个体差异外，文化也是将人们分成群体的重要因素。在许多文化描述中，只有两个很容易识别：语言和宗教。语言不能仅仅被视为一种交流手段；它还包含思想、习俗和价值观。宗教可能对人类行为产生强大的影响。许多宗教信仰包括日常生活各个方面的规则。例如，人们发现全球几乎所有宗教都有关于营养的规定。宗教信仰也对制度建设产生了深远的影响。因此，可以合理地假设宗教信仰也有助于宗教内部和宗教之间的经济转型。在这种情况下，想到的问题是：哪种宗教最能促进商业？该宗教中的产品组是否比其他产品组具有更关键的作用？对经济发展分析有影响吗？

尽管已经进行了大量研究来表明语言对贸易的影响，但很少有研究将宗教作为商业决策进行分析。在许多应用理论中，使用引力模型的方法，宗教只是作为调节变量引入。这些研究得出的结论是，分享共同信念几乎没有或没有商业影响。

然而，在许多情况下，这些结果由于各种原因而具有误导性。首先，如果两个贸易国的人口具有相同的信仰，动态控制宗教通常会排在第一位。结果，小宗教对贸易的影响在很大程度上被忽略了。其次，没有区分某些宗教信仰在商业中可能产生的后果。然而，并不是所有的宗教在交易上都是一样的。

一些研究仔细研究了宗教与商业之间的关系。2004年梅汉纳的重要研究发现，在33个国家的样本中，许多穆斯林国家在控制石油出口和区域贸易体系方面的贸易比其基督教、佛教或其他盟友更小，宗教平等促进了贸易，但仅限于发展中国家。

据研究人员称，没有多少知识可以比宗教信仰对商业的不同影响。本章旨在了解五种世界宗教对贸易的各种影响。为了清楚地了解宗教如何影响商业，有些人会区分不同的商品和相同的类型。

2. 宗教对贸易的影响

首先，澄清这些词可能会有所帮助。2005年《大英百科全书》提供了以下宗教定义："人类与他们认为神圣、神圣、精神或神圣的事物之间的关系。宗教通常被视为结合了人与上帝或与神灵或精神之间的关系。崇拜可能是宗教的基本要素，但道德、信仰和参与宗教机构往往是信徒和崇拜者实践的宗教生活的各个方面，并由神学家和经文指导。"

这个定义揭示了宗教的一个令人兴奋的特征。信徒与神或众神有个人关系。然而，与此同时，他并不是唯一的追随者，而是其他追随者的互动。这两种联系都会深刻影响个人的社会和经济行为。在过去的几十年里，许多经济学家研究了宗教信仰和实践的主题。上述领域的大部分工作都集中在犹太-基督教思想上，特别是因为这些信仰的细节很容易获得。宗教信仰可以影响商业行为，特别是在两个方面。首先，共享相同的宗教往往意味着共享相同的价值观。

因此，相同的宗教可能会促进商业伙伴之间的信任并降低交易成本。因此，同一宗教的贸易商之间的贸易量应该高于不同信仰之间的贸易量。其次，每种宗教都有其道德准则，涉及工作。一些宗教认为交易是必需品，另一些宗教则在下一节中将其视为有利可图的业务。

因此，人们认为了解每种宗教的宗教观点至关重要。由于人们想研究宗教对国际贸易的影响，人们只相信在几个国家实行的宗教。人们将研究限制在以下五种宗教：印度教、犹太教、佛教、基督教和伊斯兰教。这五种宗教也因地点分散或信徒人数多而被称为世界宗教。本节按起源日期介绍五种宗教。因此，人们关注每种宗教对一般经济行为和特定贸易的看法。

3. 印度教

印度教是印度的一种宗教，它是在公元前一世纪发展起来的。印度教是一种多神教，在发展印度文化方面发挥了至关重要的作用。印度教基于由几位作者理士 Rishi（印度教圣人）撰写的吠陀 Veddas 的神圣著作。后就出现了吠陀经（印度的宗教文本），在这经文中就体现了重要的经济概念，例如生产、贸易、工资、利息、租金、利润和市场。

印度教宣称生命的四个官方目标：佛法 Dharma、阿尔萨 Artha、卡马 Kama 和莫克沙 Moksha（印度哲学中人类生活的四个目标）。这些可以转化为几乎所有的正义、经济繁荣、幸福和救赎。如果每个印度教徒实现了他的佛法，他就可以自由地追求这些目标。佛法被比作十诫，指导宗教和社会生活。值得注意的是，佛法从种姓转变为人类生活。佛法让每个人都追求经济利益，因此，为所有人所用。

这种以市场为导向的印度教观点在分类方面存在局限性。根据成员的大小，一个人可以数到几千种姓。每个类别都通过遵循严格而复杂的规则来维护自己的身份。印度教徒出生在一个特定的类型中，改变一个阶级几乎是不可能的。种姓通常被描述为其成员的工作，因此，一个或几个部门（以印度为例，尤其是阿格拉瓦尔 Agrawal 和阿罗拉斯 Aroras 印度种姓）处理货物贸易。授予一个国家的一群人贸易的特殊权利可能会损害国际贸易，特别是如果该群体很小。所有以旧换新的国内外商品都必须经过这些指定的贸易商。

人们得出结论，印度教在国际贸易中处于不稳定的地位。尽管经济交易是可以接受的，但传统交易是为特定类型保留的。该计划表明高运营成本可以通过贸易部门的高度信任来抵消。对于非印度教而言，为印度教寻找合适的贸易伙伴可能具有挑战性。

4. 犹太教

犹太教被认为是全球最古老的宗教之一，它起源于中东。专家估计，已知最早的犹太教日期是公元前 538 年，当时以色列人从巴比伦流放归来。犹太教的基础是托拉 Torah（犹太人的宗教书籍），其中规定了犹太法律并包含五本书。

在犹太人的生活中，商业和商业一直扮演着重要的角色。一个原因可能是犹太小区从一开始就被有宗教倾向的邻居所包围。托拉为犹太人提供了与非犹太人做生意的指导方针。尽管犹太人认为自己是选民，但他们并没有干涉他们与其他宗教人士的日常业务往来。曾有报导，古代以色列的犹太部落与其邻国有着广泛的贸易关系。

十诫是现实生活中最重要的指南。其中三个与经济问题有关：命令不要在安息日工作，不要贪图邻居的财产，不要偷窃。第七天的不活动法则可以被视为以牺牲经济利益为代价的过度劳累。禁止盗窃和贪婪具有重大的经济意义，因为它有助于有序开展业务。传统上，商品的公平贸易被认为是一个重要的概念。众所周知，市场使交易变得更容易，而金钱是改变的绝佳方式。此外，人们被认为是自私的，他们的经济行为是出于自利的动机。

简而言之，犹太教可以被视为一种宗教，它为经济贸易提供了适当的框架，并鼓励在不歧视犹太人和非犹太人的情况下建立贸易关系。

5. 佛教

佛教是公元前525年由悉达多在印度创立的宗教 乔达摩（佛）。它从印度沿着贸易路线传播，尤其是在丝绸之路上，到达中国、蒙古、韩国和日本。当今，佛教在全球拥有超过4亿信徒。

佛教是一个不变的信仰体系，很容易适应特定国家的风俗习惯。因此，当今人们发现许多不同类型的佛教。佛教也是宽容的宗教，与其他信仰的道德价值观相一致。它需要宗教间的合作来减少人类的痛苦。

佛教没有为经济行为制定明确的指导方针。然而，佛陀的社会性格在财务问题上多次受到影响。例如，佛教创始人佛陀不允许僧尼捐款，所有捐赠均应以实物形式进行，捐赠者可以轮流接受宗教教育。在他的案例中，他还呼吁在没有金融调解的情况下建立男性之间的直接经济关系。与其他国家的经济联系总数也应该受到限制。如果男性能够追踪他们的经济关系，则可以保证整个系统的稳定性。

佛教的一个基本原则是相互依存的原则。生活应该被视为一张不可分割的网，没有什么可以说是分开或固定的。人类是这个系统的重要组成部分，但他们不应该控制环境（不像基督教声称的那样）。因此，资源的使用应遵循可持续性和提供所有动物物种的原则。

只要维护所有利益相关者的利益，财富和能力的差异就会得到尊重。然而，佛陀要求将财富的获得限制在必要的范围内，否则，增加启蒙会危及禁令。

总而言之，佛教是一种简单而多样的信仰。佛教世界众多版本之间的巨大差异可能会限制促进在贸易伙伴之间分享佛教作为共同宗教的效果。因此，人们认为佛教国家之间贸易信任的影响可以忽略不计。此外，由于贸易活动不那么明显，佛教国家可能没有共同的贸易激励措施。

6. 基督教

纵观其 2000 年的历史，基督教已成为全球最受欢迎的宗教。所有基督教信仰都基于圣经，其中包含旧约和新约。虽然一些基督教教派强调旧约，但新约是基督教思想的主要来源。

基督教与世界经济

　　新约在经济问题上与旧约有很大不同。一位新约作者强调富人对穷人的义务。新约持续关注物质资源的需要，但也鼓励明智地使用资源。上帝不仅被视为精神事物的创造者，而且被视为物质事物，地球的创造者。上帝让人们控制资源。人们有责任尽其所能地使用它们。需要生产、保护和维护可见的方法。唯物主义在新约中不会受到谴责，只要人们没有分散敬拜上帝或试图用物质保障代替上帝。

　　在贸易方面，旧约中很少写，新约中也很少（威尔森 Wilson 1997）。作为基本业务要求的诚实和正直标准与基督徒的行为一致。应该指出的是，早期的基督教父亲对交易犹豫不决，因为它似乎是欺诈和贪婪的根源。然而，贸易并没有以这种方式被抛弃。相反它被认为是生态系统的一部分。一些作家如维纳 Viner 1978）甚至获得了关于早期基督教父亲以旧换新的支持立场。

　　托马斯·阿奎那(1225-1274) 是一位杰出的基督教学者。他的主要职业是处理有关经济学的问题，他在这个问题上的立场被天主教会广泛接受。阿奎那看到了市场的作用，并认为货币是一种合法的交易方式。但是，根据阿奎那的说法，交换必须是自愿的并且价格合理。正确的价格会产生个人估计，并可能为买方或卖方带来可观的利润。但价格应反映产品的价值并考虑双方的条件。因此，基督徒之间的贸易应该涉及市场力量和平等的考虑。

始于 15 世纪的运动导致形成了一个名为新教的新基督教会。革命者实施的改革影响了宗教事务，影响了政治和经济生活。著名改革家马丁·路德（1483-1546）认为人可以通过祈祷和行动来证明他的信仰。他鼓励基督徒批评和审查这片土地上的法律，反对圣经的教导。

简而言之，基督教经济思想承认市场体系。然而，它为基督教伦理所定义的界限设置了一些障碍。贸易管理不透明，可能被认为是必要的，而不是促进经济福祉。

7. 伊斯兰教

伊斯兰教是当今考虑的第二大宗教。伊斯兰教的核心是先知穆罕默德（570-632）。他是伊斯兰教的主要文本《古兰经》的创始人。先知穆罕默德（伊斯兰教的最后一位先知）成长于一个商人家庭，他也成为一名重要的商人，在年轻时就拥有显著的经济和政治权力。在他统治之后，他转向宗教事务，他的想法后来被记录在古兰经中。

《古兰经》反映了他以前对贸易和经济交易方法的了解，提供了明确的经济行为指南。古兰经超过 1,400 节经文和 6,226 处提及金融问题，比圣经更关注经济健康。《古兰经》在日常生活的许多方面提供了清晰而实用的指导。正如伊斯兰教法所颁布的那样，这些法律适用于所有以伊斯兰教法为最高法律权威的国家。在通过土地法的穆斯林国家，许多信徒仍然坚持伊斯兰教法（源自古兰经教义的法律实践）。

在商业方面，穆斯林意识形态与基督教有很大不同。虽然贸易对基督徒来说是必要的，但这不包括所售商品的价值；该交易在伊斯兰教中被认为是必不可少的生产。有人争辩说，如果不换货，交易会更贵。这种有利于贸易的立场在《古兰经》的几节经文中清楚地表明了这一点。

然而，交易并不被视为个人利益。它应该遵守规则；最重要的是《古兰经》谴责任何在经济贸易中欺骗或欺诈的企图。此外，穆斯林只有在能够对商品质量负责的情况下才能从事商业活动。

最后，贸易的潜在好处不应仅限于唯物主义，正如在圣经中一样，唯物主义被认为是对更重要的属灵事物的干扰。《古兰经》还批评对人们的邻居怀有恶意。然而，它并不谴责财富的积累。财富被视为达到目的的手段，它本身并不是目的。财富也与义务有关，主要是给予的责任。由于信徒死后得到更多的应许，这个世界上的物质财富似乎首屈一指。

另外两个因素可能会影响穆斯林的商业行为。首先，在穆斯林土地上，商人被视为知识渊博的人，他们在历史上一直在传播知识方面发挥着重要作用。其次，传统的伊斯兰教学和写作强调比复数更高的标准。强烈建议处理各种各样的物品，而不是储存一些东西。

简而言之，伊斯兰教是一个非常友好的宗教。贸易被视为改善双方的福利。与基督教信仰相反，对商业关系平等的关注没有得到解决。

8. 数据与方法论

首先，应该注意的是，宗教数据的可靠性和可用性是有限的。政府收集了几个宗教人物，宗教组织经常故意限制追随者的数量。本章收集了每个样本国家五种世界宗教代表人数的资料。"从属关系"一词是指个人与宗教之间的正式联系。然而，该组织没有说明一个人的宗教活动的性质。在许多国家，少数宗教的成员比大多数宗教更积极地实践他们的信仰。

需要提及宗教数据的一些细节。直到 1989年，共产主义国家大力压制或漠视宗教。这些努力仍然影响着这些国家的宗教数据；很大一部分人被归类为无神论者。在具有广泛传统信仰的国家，通常相信动物，宗教习俗之间几乎没有区别。最后，少数宗教仅在几个国家被列为"替代"，而没有直接报告隶属关系。

有关更详细的信息，研究了几个宗教数据源。主要来源是中央情报局世界概况 CIA World

Factbook 和 2004 年《大英百科全书》，在此用数据与宗教组织报告的数据进行了比较。如果两个主要来源都说关于更多次要宗教的数据不太详细，则使用最新的来源来完成人们的数据集。该研究列出了 18 个拥有印度教小区的国家、51 个拥有佛教小区的国家、40 个拥有犹太人的国家、137 个拥有基督教小区的国家和 87 个拥有穆斯林小区的国家。这五种宗教在全球的追随者是 8.5 亿印度教徒、1400 万犹太人、4 亿佛教徒、20 亿基督徒和 12 亿穆斯林。

、贸易数据通过世界银行的世界综合贸易解决方案从联合国的 COMTRADE 数据库中获取。

国际贸易只有在一定的工作量是可能的情况下才会被记录。然而，正如赫普曼等人（2005）显示，许多国家没有保持贸易关系。与谁交易或不与谁交易的选择可能会受到宗教的影响。将 OLS 量（OLS 是 ordinary least square 的简称，意思是普通最小二乘法）表应用于测试数据会产生有偏差和不一致的结果。因此，还对国家之间的所有零航班进行了抽样，并使用了 TOBIT（回归分析模型）测量方法。

9. 测量效果

宗教信仰可能以两种方式影响贸易。首先，共同的宗教信仰可以提高贸易伙伴之间的信任并降低运营成本。对于对信任敏感的资产，这种影响应该是显著的。第二，如人们所见，世界宗教高度重视商业。例如，在伊斯兰教中，贸易商享有盛誉，而在基督教中，贸易是必需品。

人们首先研究一个共同的宗教信仰是否促进贸易的问题。一些报告描述了四种不同规范的结果。人们首先通过将每种宗教视为拥有相同宗教的国家中一小部分人的产物来衡量宗教相似性的迹象。这允许来自两个国家的两个随机选择的人信奉相同的宗教。该度量在文献中被广泛使用，参见劳赫 Rauch（2001）。举一个数字的例子，如果 A 国有40%的基督徒，B 国有20%，那么一个人得到 0.08。最后，取这个数字的对数，揭示了一些有趣的细节。

对于印度教徒来说，与来自另一个国家的印度教徒做生意似乎不会产生商业影响，因为该系数在统计上并不显著。印度教徒或多或少地相互信任，因为他们信任不同宗教信仰的追随者。负系数也表明印度教徒可能选择其他宗教作为贸易伙伴。

与印度教徒不同，犹太人公开选择其他犹太人作为贸易伙伴。该系数的大小异常高，这意味着犹太贸易伙伴遇到爆炸性贸易的机会越高，结果是犹太教是一种促进商业的宗教。

令人惊讶的是，衡量来自不同国家的佛教徒是否有可能聚集在一起进行贸易的系数指标是错误的。换句话说，佛教徒避免将其他佛教徒作为贸易伙伴，并且似乎对作为贸易伙伴的其他宗教感兴趣。由于同一宗教的成员应该比其他宗教的成员更信任彼此，因此很难在一开始就为这种交易确定一个合理的解释。

像印度教徒一样，基督徒并没有明显偏爱其他基督徒作为贸易伙伴。该系数在数学上毫无意义，反映了基督徒对一般交易的怀疑。也符合人们对伊斯兰教结果的期望。这个系数在数学上非常准确，穆斯林似乎更倾向于与他们的信徒进行交易。

宗教多样性系数揭示了进一步有趣的理解，该系数在统计上也很显著。3.282 的系数表明，精神上的开放会鼓励更多的贸易。

这一结果表明，与具有相同宗教信仰的贸易伙伴交往的机会会影响贸易行为。衡量宗教对贸易影响的另一种方法是考察宗教组织的作用。因此，人们正在使用一个虚拟变量重新测量引力方程，其中两个国家都存在相同的宗教并且至少有0.05%的份额。例如，如果出口国和出口国都有一个印度教小区，等于或大于两国的 5%，则灵活性变得统一。

开始回顾会揭示所获得结果的进一步证据。所有宗教的符号与其他国家的符号相同。印度教和基督教的影响仍然很小，而犹太人和穆斯林小区的存在似乎极大地促进了贸易。多样性也很明显，强调了宗教开放在网络交易中的重要性。

由于犹太教仅在一个国家是重要的宗教，而印度教仅在三个国家是重要的宗教，因此可以在这两个变量中测量不同的系数。然而，在两种宗教中形成平行是可能的。当"制度"和"宗教外围"之间发生交易时，这种虚拟的灵活性就变成了一种联合。就犹太教而言，人们正试图找出拥有犹太小区的国家与以色列之间的贸易量是否非常高。

结果证实了对先前规范的大部分分析。全世界的印度教小区不太可能与印度或尼泊尔进行贸易。然而，各国与犹太小区之间的贸易似乎偏向于以色列。许多国家的佛教系数仍然为负。拥有大量基督徒人口的国家可能会进行广泛的贸易。最后，以穆斯林为主的国家更有可能处理他们的宗教问题。

宗教多样性系数在数学上也意味着更多。这一结果也证实了主流以外的其他宗教信仰促进了贸易。

但是，人们现在包括衡量交易对中政治权利水平的变量。这种多样性的系数在统计上是显著的，这表明政治开放也促进了贸易。所有形式的宗教总是相同的。

总体而言，结果证实了人们对宗教和商业的少数预测。分享印度教作为一种宗教似乎并不能促进贸易。高昂的购买成本可能会超过推广一种宗教。相比之下，佛教徒的商标很难解释。一个可能的原因是佛教被认为是所有五种世界宗教中最独特的宗教。这些变化降低了被信任的可能性，并且可能有助于定义负号。对于人们的基督教贸易伙伴来说，不同信仰不是商业冒险。对于穆斯林来说，结果完全符合人们的预期。无论贸易联系的类型如何，穆斯林都对贸易持非常积极的看法。

人们在上面已经解释过贸易的宗教影响有两个主要来源。首先，主流宗教有助于在商业伙伴之间建立可信赖的关系。其次，每种宗教对工作功能的评价不同。不同的评估可能会导致特定的宗教贸易模式。两个传输通道中哪个是最好的？

商业分为两类，不同的商品和相同的类型，来回答这个问题。为此，人们将具有参考价值或在计划交易中交易的产品分类为一个组，并将所有单独的资产分类为第二组。然后，人们对分离的商品进行抽样，并使用确切的规格启动四个回归。

假设信任确实是宗教间贸易的基本要素。它在各种商品的业务中应该是非常重要的，人们可以预期每个系数都会增加数量。但是，如果每个宗教在交易中的立场普遍主导交易结果，那么该系数将保持稳定。

印度教的系数在统计上仍然显著，而犹太教的系数在减小。佛教的系数甚至更差，这证实了佛教徒避免其他佛教徒作为贸易伙伴的结果。基督教的系数具有相同的标记，但现在它在统计上变得不可见。伊斯兰教的系数获得了力量，这意味着穆斯林在各种商品方面严重依赖他们的宗教人士。

如果人们只关注网络，就会出现同样的情况。尽管印度教的系数还相对未知，但犹太教、佛教和基督教的系数都在减小。结果表明，伊斯兰网络在为穆斯林交易各种商品方面具有重要意义。

最后，分析了许多宗教对贸易的影响。印度教的系数在数学上更小，而犹太教的系数几乎一样。佛教徒最多的国家似乎在不同商品上与其他佛教国家的贸易较少。相比之下，大多数基督教和穆斯林国家不会为他们的重要宗教信徒交换利益。

衡量宗教多样性和数学的系数在所有方面都是必不可少的和至高无上的。对不同资产的思考从逻辑上解释了为什么精神上的开放对于商业来说可能是必要的。其他宗教团体可能倾向于交易某些商品。当一个信念缺失时，直接在该信念中指定的小资产将被出售。另一种解释可能是，在拥有如此多宗教的土地上，对多样性的需求比在宗教很少的土地上更为重要。

结论是，在分析不同的资产时，会发现一些新的细节。对同一宗教的人的信任似乎是伊斯兰贸易的一个重要因素。犹太人、佛教徒和基督徒似乎都没有注意到这项艰巨的工作。尽管一些解释存在问题，但应该注意的是，各种资产测量的结果强烈证实了在合并交易的情况下获得的结果。

10. 结论与政策建议

本章可以被认为是第一次尝试区分宗教对贸易的各种影响。结果表明，分享相同的信仰并不鼓励工作。找出商业共同信仰的不同产品的原因是复杂的。信仰间无疑应该建立信任；但是，在最敏感的材料中发现了混合图像。

根据这些发现，宗教开放对贸易产生积极影响。这种效果在不同的物品上更加明显。拥有多种宗教的国家似乎提供了更好的贸易机会。成为一名优秀的企业家意味着强劲的经济增长，一些经济研究表明，贸易开放促进了经济增长。

在这里提出一些政策建议：首先，政府需要表明他们愿意在国家层面为各种宗教工作。在许多国家，少数族裔经常受到歧视，包括政府官员。在一些国家，某些宗教信仰的传播甚至被政府禁止。人们的研究结果鼓励宗教开放的社会更好地融入全球经济。因此，政府应该容忍，甚至更应该促进该国的宗教多样性。

其次，国际组织必须将文化方面广泛纳入其发展过程，在文化发挥重要作用的地方，必须充分考虑经济发展。在人们的研究结果中，人们可以找到将宗教开放纳入国际制度发展目标的政策要求。

第三，在国际合作中，文化方面往往被忽视。一个原因可能是它们被认为非常敏感。然而，不同文化之间的对话可以增进理解，增加包容和开放。因此，政府和宗教领袖应努力发起或加强这种对话。

在全球范围内，文化多样性比以往任何时候都更加明显。著名学者看到的是文化边界而不是政治之间的冲突线。本章提供了一个强有力的论据，说明为什么这种发展会导致后者，只有文化交汇，世界才会繁荣。

然而，这一证据并不新鲜。人们在以传统为主的环境中成长并不少见，即使在古代也是如此。托勒密规则可以提供一个例子，在其鼎盛时期，托勒密王朝与整个地中海和东方直至印度保持着贸易关系。首都亚历山大是古代重要的文化和经济中心之一。本章提供了强有力的证据，证明在古代是正确的，当今仍然是正确的。普通的宗教可能更喜欢商业主义，但应该选择很多宗教的存在。

第五章 宗教信仰和社会分层

纵观世界上任何宗教间统计资料，一个让很多天主教报纸和杂志感到不安的情况，德国的天主教会议、商界领袖、金融家、高技能工人，甚至是现代的更多人，都是新教的。这不仅适用于宗教差异与民族和文化发展直接相关的情况，例如在当时东德的德国人和波兰人之间，几乎所有地方的宗教信仰统计资料都是如此。在其扩张期间，资本主义可以自由地根据人们的需要改变他们的社会分配并决定他们的工作结构。他们变得越自由，效果就越明显。事实上，新教徒在大型现代工业和商业公司的财务所有权、管理和高级职员职位上的大量参与，可以部分解释为超越历史背景。在过去，即使是宗教信仰也不是经济状况的原因，但在某种程度上似乎是结果。参与上述经济活动通常涉及先前的财务所有权和昂贵的教育；通常两者兼而有之。当今这主要依赖于继承财富的获得，或者至少是一定程度的物质繁荣。旧帝国的许多地方，经济繁荣，受自然资源和环境的青睐，特别是许多富裕的城市，在十六世纪皈依了新教。这一趋势的后果对当今的新教徒是有利的，即使是在他们为经济繁荣而努力的时候，于是一个历史问题出现了：为什么经济发达的地区同时支持教会的改造？上述问题的答案已经揭晓。

毫无疑问，从传统经济体系中解放出来似乎是一个可以显著加强质疑宗教传统神圣性的倾向的因素，就像所有传统权威一样。但值得注意的是，人们经常忘记的是，宗教改革并不意味着在日常生活中废除教会，而是要更换新的治理体系。它告诉拒绝控制是被忽视的，在实践中被误解的，并且可能是对所有私人和公共卫生部门普遍存在的所有行为的非法的偏爱控制，这是一项无休止的责任，并且是真诚地强加的。天主教会的法律，"惩罚叛逆者，但沉溺于罪恶"，无论是过去还是当今，现在都被现代经济的新教道德和精神价值观所容忍。道德由 15 世纪初最富有和经济最发达的人。另一方面，加尔文主义在 16 世纪的日内瓦和苏格兰，16 世纪和 17 世纪初的荷兰大部分地区，17 世纪新英格兰。在英格兰时期是人类教会控制最不宽容的形式。这正是许多古代贵族，如日内瓦、荷兰和英格兰的感受。以及改革者在这些地区的抱怨。经济发展对教会一方的生活没有太大的指导作用，那些国家是如何在经济上变得如此发达的，其中新兴的中产阶级资本家未能做到抵制这种史无前例的清教独裁，他们甚至在自卫中发展出英雄主义？资产阶级经常表现出英雄主义。

1. 新教参与

正如已经说过的那样，新教徒在现代经济生活中对所有权和控制权的巨大参与可以被理解，至少部分是因为令人难以置信的机会使他们获得财富。但其他事件不能以同样的方式解释。因此，仅举几个事实：在巴登、巴伐利亚、匈牙利发现，天主教父母与新教徒父母向他们的孩子提供的高等教育类型存在显著差异。高等院校学生和毕业生中天主教徒的比例普遍落后于总人口；在天主教学生本身中，从专门为技术研究和工商业活动做准备的机构毕业的人的比例，但通常是那些为中等商业生活做准备的人，仍然落后于新教徒的比例。另一方面，天主教徒更喜欢人文主义体育馆提供的培训。这就是上述定义不适用的情况，但恰恰相反，这是很少有天主教徒参与资本主义业务的原因。

更令人惊讶的是，一小部分天主教徒是现代工业中最熟练的工人之一。众所周知，该公司在很大程度上将其工艺投入到手工艺品中，但这对新教徒来说比对天主教之旅更真实。换句话说，在旅行者中，天主教徒表现出强烈的手工艺倾向，即经常成为工匠。与此同时，新教徒被工厂大量吸引来填补技术工人的高级职位。对这些案例的解释无疑是在环境中发现的不寻常的心理和精神特征，当地小区和父母家庭的宗教精神所青睐的教育类型也决定了职业选择，这类选择就倾向与艺术品有关联的行业。

2. 天主教徒参与现代商业

天主教徒对现代德国商业生活的少量参与最为突出，因为它违背了一直以来的趋势，包括在当代。能够服从统治阶级的小型民族或宗教团体可能会被经济活动中的非凡权力所驱动，自愿解除政治影响力的职务。他们的强大成员想要满足承认他们在这一领域的技能的愿望，因为没有机会为新教道德和资本主义国家服务。毫无疑问，这些是俄罗斯和东普鲁士的实际波兰人，他们的经济发展速度超过了他们一直在崛起的加利西亚。这就是过去在路易十四统治下的法国的胡格诺派（16 和 17 世纪的法国新教徒）、英国的不墨守成规者和贵格会，以及最后两千年的犹太人的情况。但德国的天主教徒并没有表现出令人信服的证据表明这种影响对他们的立场产生了影响。过去，与新教徒不同，无论是在荷兰还是在英国，他们在遭受迫害或容忍的时期都没有取得太大的经济进步。虽然作为统治阶级和政权的新教徒，尤其是该组织的某些分支，无论是作为多数还是作为少数，确实都表现出促进经济多样性的某种趋势，这是不可能的。在一种或另一种情况下，在天主教徒中同样可见。这些差异应该在他们无尽的宗教信仰深处寻找，而不仅仅是在他们暂时的外部政治历史中。

人们的工作是调查这些宗教，以确定它们具有或曾经具有的哪些特征可能与人们所描述的行为有关。在肤浅的分析和特定的当前理论的基础上，人们可能会试图指出单一世界天主教的不同之处，它对最高意识形态的自我否定，这一定使它的追随者对美好事物的极端漠视。同时，新教徒用它来批评那些（真实的或想象的）破坏天主教生活方式的人；天主教徒响应有关唯物主义是对新教产生所有偏见的原因的指控。有一位作

70

者试图将信仰与社会阶级主义联系起来，以通过这种方式改变他们对经济生活的态度："天主教徒沉默不语，没有野心；你选择尽可能安全的生活，即使是最少量的钱，作为交换冒着不幸和幸福的风险，即使它可能会给你带来名利。谚语开玩笑说："要么吃得好，要么睡得好。但如今，更喜欢吃一顿美餐，睡一觉不受打扰的天主教徒。""

这种对美食的渴望可能反映了德国许多自称新教徒的良好或不完整的动机。但过去的情况有所不同：英国清教徒、荷兰人和美国清教徒似乎与生活的乐趣形成鲜明对比，这是一个重要的事实，正如人们将看到的，这在人们目前的研究中非常重要。此外，除其他外，法国新教徒至今仍保留着悠久的历史，加尔文主义教会到处都强调这些特征，尤其是在宗教纠纷期间的十字架下。众所周知，这些因素是法国工业和资本主义发展的一些最关键的因素，而且在较小程度上，它们确实如此。通过他们的迫害，它仍然是一样的。如果人们可以称其为宗教利益在所有生活道德中的敏感性和独裁统治，就像在其他国家一样，那么法国的加尔文主义者是世俗的，仍然像其他人一样，例如北德的天主教徒，他们的天主教无疑是相似的。它与宗教对世界上任何其他人一样重要。两者都与各自国家流行的宗教习俗大不相同。法国天主教徒在较低的职位上对生活的乐趣有浓厚的兴趣，而较高的天主教徒则直接反对宗教。

基督教与世界经济

同样，当今的德国新教徒非常关注国家的经济生活，他们的最高职位是新教价值观和没有宗教信仰的资本主义精神。像所谓的外国天主教、新教生活的世俗享乐等等，没有人们的意图，什么都做不成。这种差异不一定符合现代现实，也不一定符合过去。但是，假设一个人希望使用它。在这种情况下，同时出现了其他几个观察结果，结合上述陈述，表明假设的冲突是在超凡脱俗的趋势、幸福的剥夺和教会的神圣性之间发生的。

考虑到从商界涌现出来的最具灵性的基督教虔诚形式的代表人数之多，这无疑是伟大的，首先，相当精确的观察，尤其是虔诚主义的几个狂热追随者属于上述起源，可以说是对拜金主义的一种反应（一个致力于理想或追求财富的人）基于不融入商业生活的脆弱本性，并且按照阿西西的弗朗西斯的精神，许多虔诚主义者自己根据这些规则翻译了他们的皈依程序。就这样，这么多最杰出的资本主义企业家下到塞西尔的特殊境遇。神职人员的家庭可以说是他们苦行养育的结果。但是，当令人难以置信的资本主义商业意识与最密集的虔诚形式的同一个人和群体相一致时，这种解释就失败了。当这种纯洁穿透并主宰他们的整个生活时。这些例子是隐藏的，但这些特征是新教历史上许多最重要的教会和教派的特征。尤其是加尔文主义，无论它出现在哪里，都显示出这种结合。无论多么轻微，在宗教改革扩张时期或任何其他新教信仰宗教归属和社会分层与该领域的任何其他特定等级保持一致，从特定的角度来看，它是典型的。在法语中，胡格诺派教会、僧侣和商界人士（商人、工匠），特别重要的是，在暴行发生时改宗者中人数特别多，甚至西班牙人也知道异端（即荷兰的加尔文主义）促进了贸易。这与威廉·佩蒂爵士在讨论荷兰资本主义演变背后的原因时所表达的观点不谋而合。哥德（德国经济学家和历史学家）准确地将加尔文主义侨民称为资本主义经济的温床。同样，人们可能会考虑一个决定性因素，例如这些社会起源的法国和荷兰经济文化的兴起，或者驱逐出境对传统关系崩溃的更重大影响。但是在法国，情况是一样的，正如人们从科尔伯特的斗争中知道的那样，即使在 17 世纪也是如此。别说其他国家，就连奥地利也直接进口了新教工匠。

3. 新教教派的影响

但并非所有新教教派似乎都对此产生了同样强大的影响。即使在德国，加尔文主义也是最重要、最有可能和转变的信仰之一，这些信仰似乎促进了伍珀塔尔（南非西开普省 Cederberg 山区的一个小镇）资本主义的发展和其他地方。与一般背景和特定背景相比，它看起来比路德教会重要得多，尤其是在伍珀塔尔。

苏格兰、巴克尔和济慈都强调了英国诗人之间同样的关系。引人注目必须提及的是，在那些以其他众所周知的国家为宝的群体中，尤其是贵格会和门诺派，宗教生活方式与商业知识的深刻发展之间的联系。前者在英格兰和北美发挥的作用落在了后者在德国和荷兰。在东普鲁士弗雷德里克，威廉容忍门诺派是工业不可或缺的，尽管他们完全拒绝服兵役，但新教道德和资本家的精神只是反映真相的众多知名案例之一；不过，鉴于皇帝的性格，其中最突出的一位。最后，杰出的奉献精神和强大的业务发展相结合也成为了虔诚派的一个特点。

必须想到莱茵河和卡尔夫的土地。在这个介绍性讨论中没有必要堆积更多的例子，对于这些，很少有人已经全部表明一件事：努力工作、进步和任何其他可以称为觉醒的精神，人们倾向于将其称为新教路德、加尔文、诺克斯、沃特 Voet（荷兰改革神学家）的旧新教与当今所谓的进步几乎没有什么关系。它直接敌视现代生活的方方面面，这是当今最极端的宗教主义者不愿压制的。假设旧新教精神的某些表达与现代资本主义文化之间存在任何内在联系。人们必须尝试在每一种可能的情况下看到它，而不是从唯物主义的角度来看。

当人们提出问题时，人们会想到许多模糊的关系。考虑到在所有古代发现中发现的无限多样性，人们必须尽可能清楚地阐述发生在人们身上的事情。但人们必须抛开迄今为止所处理的宗教归属和社会分层的模糊笼统的概念，并试图洞悉宗教思想奇妙时代的不同寻常的特征和差异。

　　然而，在人们继续讨论之前，有必要说几句，首先是关于人们寻求历史解释的现象的特殊性，然后是关于在这些研究的范围内这种解释具有的意义。

第六章 宗教与经济发展

宗教在经济发展中的作用支撑了一种混合愿景，将经济理论与对政治结构的理解相结合，为平衡宗教过程中出现的经济问题提供信息。目前的研究主要集中在宗教结构和组织、国教、基于宗教的社会项目、宗教控制以及宗教对健康价值观的影响，例如收入和教育。将宗教视为精神上的优先事项以及外国宗教组织在促进经济发展方面发挥的积极作用对于发展政策至关重要。当前的宗教研究和经济增长正在蓬勃发展，涵盖了这些不同的问题。

人类学和社会层面研究的数量正在稳步增长，其中许多关注经济学家在社会中可能发现的奇怪之处，例如习俗和宗教，有时他们很少或根本不关注。例如，了解印度教宗教信仰在一些地区运作的复杂性与发展印度经济的问题直接相关。这只是可以被引用来支持发达经济学家在黑暗中工作的众多例子之一，除非他们知道适当的社会和政治文献。

自斯嘉丽·爱泼斯坦以来，时代变了，爱泼斯坦首先感叹经济学家普遍忽视宗教在经济发展研究中的作用。他不需要有这样的恐惧：现代经济学已经看到了曙光，可以说，越来越多地寻求宗教的概念，以更好地理解它们如何与经济决策相互作用。研究精神经济学的学者观察到发达国家和发展中国家宗教团结的增长，这对政治意

基督教与世界经济

愿和广泛的辩论都有全球影响。最近的研究调查
了宗教如何影响增长，强调伊斯兰教、印度教等
宗教传统或天主教，其他研究论文侧重于宗教对
生育能力的影响。不过，其他人研究宗教对政治
结果的影响以及宗教组织（如保险）的作用。其
他研究也探讨了因果关系如何朝着不同的方向
发展，从经济发展到宗教。

　　有几种理论可以解释宗教与发展之间的联
系。首先，一些想法象征着宗教和发展的"理性
选择"方法。这种方法认为宗教团结是对圣地政
治、环境和经济变化的合乎逻辑的经济反应。此
外，许多其他建筑理念包括家庭共存、社交媒体
以及对超自然世界其他方面的信仰。然而，无论
一个人学习神学的教育文化是什么，探索宗教与
发展的相互依存关系都会带来重大挑战：

1. 了解宗教与经济增长的相互依存关系；
2. 分析测量这种相互作用所需的策略和方
   法；
3. 检查宗教对总体发展政策的影响。

1. 宗教方面的经济问题

　　对宗教和发展的经济关注并不新鲜，而且不
仅限于 21 世纪的学者托马斯·阿奎那的著作，
尤其是德雷尼奥 1267 年写给塞浦路斯国王的

基督教与世界经济

《论君子政体》主要谈论宗教和公共财政。事实上，一些学者已经考虑了这个领域的想法，例如阿奎那的苏玛《神学》(1265-72)，在当今减少贫困方面非常有效；他们的"世界共同利益"和"全球社会正义"主题对当前有关全球化和人类发展的讨论具有重要意义。宗教与发展之间的联系也出现在约瑟夫·熊彼特的《经济分析史》(1954年)中。雅克·勒戈夫撰写了一本书，《炼狱的诞生》(1981)，认为炼狱是中世纪资本主义发展必不可少的一种宗教关系。

1904年，马克斯·韦伯提出了他对新教道德和资本主义的流行观点，指出北欧的经济发展可以用新教相关的影响来解释-对经济、创业工作、清教主义的需求和识字。韦伯观点的核心是在16世纪欧洲出现了一个充满活力的首都，以应对新教改革。自我牺牲的新教鼓励勤奋、自制、克己和储蓄。路德教和加尔文教都鼓励追随者实践他们的"职业"。通过在一个人的召唤中表现出暂时的成功来获得来自宗教的精神恩典。因此，新教道德准则将积极参与自己的职业作为一种宗教义务，这促进了工作保障，增加了储蓄、筹款、商业活动和投资，促进了经济发展。许多学者批评了韦伯的论文，在托尼 Tawney (1926) 和戈尔斯基 Gorski (2005)的著作中有所说明。托尼担心因果关系的下降，宗教如何影响发展以及经济和社会变革如何适用于宗教信仰。用他的话说，"资本主义精神"源远流长。正如有时所说，它不是清教主义的后裔"(1926年，第225页)。

托尼认为，清教主义有助于社会秩序的形成，也受其塑造。戈尔斯基关注韦伯的论文是否与历史分析一致，强调了宗教改革对经济发展做出贡献的其他方面，例如新教移民、土地改革、宗教节日减少和叛乱对劳动力的贡献，以及政府在新教土地上的行动。

2. 宗教的经济愿景

与此相反，最近对将宗教与发展联系起来的教育的兴趣集中在宗教经济学上。第二次宗教与经济发展研究侧重于使用现代金融分析工具来分析宗教机构、基于宗教的社会项目和教会经济，出现了三个主要主题：

1. 确定是什么决定了宗教；
2. 研究如何将宗教和宗教定义为社会资本；
3. 了解宗教的大小后果。

亚当·史密斯(1776) 提到了国富论教会，贝克尔和伊安娜科内等经济学家的工作对发展这一部门起到了重要作用。这里的重点是供应方（宗教组织的结构）和需求方（精神经济中的消费者偏好）。这个理论将宗教活动描述为在人类生活和死后发现的理性、实际选择的结果。例如，让人们认为宗教对俱乐部来说是一件好事。这意味着宗教使用许多做法来评估潜在的搭便车者并确保更好地监督在场的信徒。宗教还通过社会行为的外在表现来促进个人的福祉。信仰的力量至关重要，因为它改变了人们工作的环境，通过改变物质资源直接影响一个人的选择和行为。此外，在宗教环境中促进的本质信任可以促进互惠互动，从而导致网络之间的合作行为。

这样，第二个主题-作为社会主义资本的宗教-就成为了优先事项。这里强调三个方面：社交网络、社会规范和偏离规范的惩罚。与此一致，宗教经济学家一直在探索"精神资本"-包括基于宗教和社交媒体的群体的实践、网络和惩罚。

最后，无论大小，宗教的影响都得到了检验，例如，宗教资助可以通过多种途径促进经济增长。精神金钱通过改变技术和人口统计的使用方式来影响产出。宗教现金通过增加教育对人们的发展产生积极影响。例如，特别是在许多欠发达国家，宗教网络对其精神和非宗教服务至关重要，尤其是在健康和教育方面。此外，由于宗教机构提供这种保险服务，这些网络决定了获得教育的程度。这有助于宗教市场和发达国家基于宗教活动的栖息地的增长。因此，了解宗教的经济后果是一个重大问题。

3. 宗教与发展的力量

许多对宗教和发展的激烈神学研究试图解决衰败的概念，即考察影响个人宗教或道德步骤的各种因素，或一般宗教和经济发展，或在不同的历史时期,从那里达到基于参数提出的结果得出的结论是有限的。

对所有国家的宗教和发展进行了强有力的研究,调查了宗教运动,特别是研究了宗派行为,重点将"欧洲的宗教统治经验"与"美国的宗教杂音案例"进行了比较,以借鉴对公司治理的影响,宗教是必需的。这种担忧反映在几个研究项目中,尤其是美国的宗教项目。在国际研究中,经济学家重新审视了韦伯的观点。巴洛 Barro 和麦克利里 McCleary (2003) 研究了宗教参与和信仰对经济发展水平的影响。从 1981 年至 1999 年间进行的世界价值观调查和国际社会科学计划从 59 个国家收集的研究资料发现,巨大的宗教多样性与更高的教会存在和更强的宗教信仰有关。在某些教会层面,其他宗教信仰的扩散-尤其是对天堂、地狱和来世的信仰,通常会促进经济增长。

一些研究重点关注历史不同时期的某些宗教。例如,通过关注伊斯兰教和犹太教,获得了一种工具性的理解。在伊斯兰教中,对中东的金融系统进行了详细研究,包括天课 Zakat(伊斯兰教中的净化货币)以及伊斯兰银行如何使用基于利息的融资来克服选择和错误信息的问题。还详细研究了伊斯兰法律和历史金融活动,以及中东减贫的影响。使用 8 世纪和 9 世纪的历史数据,一项研究犹太人职业选择的研究解释了犹太人在城市活动中对技能的选择,这是由于早期几个世纪的教育和宗教变化。这些资料还用于阐明宗教在解释印度教徒和穆斯林之间教育历史差异方面的作用。

当代神学和发展的主要焦点是解释个体之间的差异。例如,从综合社会调查和美国人口普查中获取的资料通过衡量宗教参与经济活动的影响来调查宗教市场结构,并得出结论认为生活在一个多宗教的小区中。通过增加宗教参与的影响来促进福祉。从方法论的角度来看,这项研究也很重要,因为它解决了神学中的一个常见问题,以及持续的宗教内生性对健康经济措施的发展,因此是最佳行动方案的常见财务问题。尽管这项特殊的研究有效地利用种族价值观来提供多样性的外部来源,从而可以明确地阐明宗教参与对有趣变量的影响,但在经济上,多元文化主义的动力可能是最关键的限制。将宗教纳入加强经济的工作,这在许多试图确定宗教不容忍影响的尝试中很明显,这些尝试通常与个人选择问题无关。

迄今为止,经济中的人口统计等部门可以提供很多宗教教育和发展。例如,最近的经济研究已经开始研究宗教和经济活动以及在宗教团体之间的利益差异之后经济增长的儿子们,特别是在发展中国家。精神经济学还阐明了政治、国内和国际研究:它呈现了一个群体的宗教行为和所谓的"仇恨政治"的经济模型。宗教的金融体系一直是对宗教和政治的考验。格莱泽 Glaeser、蓬泽托 Ponzetto 和夏皮罗 Shapiro (2005) 将宗教与政党宣传的极端主义、新闻和论坛以及机密信息的重要性联系起来。

让人们来看看所有这些类别的研究。它表明发展中经济体正在以一种值得称道的现代方式增长，但这与宗教机构日益强大的力量是一致的。正是这种圣所与世界的划分，揭示了宗教与经济发展之间关系的奥秘。通过将数据样本的定量分析与宗教文本技术的横向分析相结合来解决这一困境似乎是合乎逻辑的，这与个人和机构在地方层面解释宗教的方式联系起来。此外，享受多边方法将有助于更明智地了解这些问题。经济学家们将热切地研究宗教和未来的经济发展，并会以自我否定的态度，研究信仰各个方面的资料，以提供可预测的发展政策预测。

第七章 宗教与世界政治

什么是宗教，为什么它在世界政治中如此重要？在最简单的形式中，宗教是对某些权力在的信仰。这种信仰转化为一套价值观，以及那些可能为人类确定的习俗和做法。宗教的这种定义可能暗示宗教是个人的事情。一个人有或可能没有这些信念；一个人是否遵循这些原则和行为规则和习惯。

虽然这个简单的解释可能是有效的，但宗教是私事的答案是不正确的。如果宗教只是人们想象的虚构，人们就不会在乎别人的信仰。宗教人士不会试图改变其他人。对正义的看法可以是个人的：即使别人相信我也是一个真正的信徒。如果习俗是私人的，人们就不会有教堂、寺庙、清真寺、宝塔或圣墓。人们不需要牧师、拉比、毛拉（伊斯兰教中的宗教教师）、僧侣、大师或萨满（萨满教是一种宗教活动，涉及从业者与他们认为是精神世界的事物互动）。圣地对一个人是有福的，对其他人毫无意义。如果宗教是个人选择的问题，那么每个人或个人都会有一份记录：一份档，说明不同上帝的存在，并陈述不同的价值观和道德。

如果宗教是个人的象征，如果每个人都在他的宗教中找到一套不同的信仰和实践，那么就没有理由寻求宗教与世界政治之间的联系。宗教在公共生活和国际关系中如此重要，以至于许多宗教-实际上是最受欢迎的-形成并支持公民社会。它包含以深刻的方式将人们团结在一起的有形元素。几乎每一种宗教都提供了一系列社会行为的传统和指导方针。泰斯 Tese 原则不仅定义了信徒（或非信徒）的身份，而且区分了信徒小区和非信徒小区。许多宗教的行为准则包括定义信徒之间正确关系和道德的习俗、传统和价值观，并包含针对非信徒或不同宗教信徒的行为规则。

几乎每一种宗教都在某种程度上建立起来，宗教机构可能是合法的、中心的和显赫的，例如罗马天主教会，或者像非洲的萨满 sangoma（治疗师、牧师或先知）或美洲原住民的那样信息丰富且支离破碎。这些机构定义或解释一个宗教的核心价值观、习俗和价值观。它们还描绘了信徒的本质，区分了信徒和非信徒，宗教团体和外国团体。这些机构经常任命宗教领袖（牧师、拉比、毛拉等）。宗教机构作为小区结构提供了重要的精神证据。

并非所有宗教都有圣经，但很多都有。圣经是宗教信仰的基本来源。它们包含有关宗教起源的故事-通常是一个资深人士向一个或多个人（该宗教的创始人）展示自己的故事。它包含指导信徒宗教实践和价值观的基本原则。宗教机构是这些文本的官方翻译。各种宗教内部的许多划分和划分要么基于这些文本的地位，要么基于不同机构对它们的解释。

宗教的历史追溯其起源、发展和转变。历史告诉人们信仰的形成地点、时间、方式和地点，并揭示了各种宗教之间的关系。

1. 宗教与世界政治

理论与证据 基督教是从犹太教发展而来的。同样，伊斯兰教的创始人穆罕默德也受到了犹太教和基督教的影响，并融合了伊斯兰教的两个方面。宗教史是关于宗教不容忍和宗教不容忍的故事。历史告诉人们东正教和新教徒如何与罗马天主教会分离。这意味着人们将伊斯兰教分为逊尼派、什叶派、阿拉维派、艾哈迈迪派（伊斯兰教派）和其他宗教家族。它告诉人们佛教如何分裂成大乘和上座部。简而言之，历史告诉人们一个小区何时发展出一种新的宗教或分裂为具有相同信仰的不同家庭。许多主要宗教的历史及其对宗教家族和教派的划分表明了一种标准的社会形态、社会发展和社会凝聚模式。转变记录提供了宗教作为公共机构的进一步证据。

在少数情况下，宗教的发展及其历史涉及监禁，有时甚至是大流血-在小区内部和小区之间。宗教主题促进了宗教与世界政治之间的紧密联系。无论是先知、国王、将军、总统还是总理，小区领袖经常利用宗教来促进他们的利益。以独一神的名义对抗异教徒-他们相信其他神-似乎是世界历史上的共同主题。但宗教在小区中也是一股向善的力量。许多宗教解释了道德原则，泰

斯帮助在不同小区之间建立标准做法。拥有相同
宗教价值观的小区可能会发现比任何其他宗教
小区更容易沟通和合作。

全球政治也是小区内部和小区之间的合作
与合作问题。由于宗教是公民社会的支柱，它在
塑造地方和国际政治进程中发挥了至关重要的
作用。宗教的形成、转变和影响问题与全球历史
交织在一起。宗教与世界政治之间的联系是现代
世界政治中最深刻的争议之一。

2. 宗教史与世界政治理论

对历史上宗教与国际监禁之间关系的简要
回顾强调了这种统一性。它阐明了宗教如何成为
束缚和团结、内乱和小区内部、小区内部衰落和
发展的根源。

史前社会中的宗教常常在统一中发挥重要
作用。加上古代文明不断发展的前景，出于实际
原因进行安排，例如一般保护、狩猎资源的整合
和繁殖成功。宗教习俗和象征是促成这些小区团
结的统一因素。因此，宗教有可能在促进社会凝
聚力和社会正义方面发挥重要作用。然而，当不
同的智人群体遇到近乎宗教的符号时，与企业权
力相关的宗教利益急剧下降（盖特 2006, 100-5）。
盖特对古代文明战争的广泛回顾表明，宗教是军
事基地的"额外动机"。然而，它并没有独立。
这些小区普遍认为，其他社会成员实行的巫术是

文明遭遇的问题和不幸的根源，这样的信念通常作为一种工具来挑起攻击和随后的攻击。

古代历史记录提高了古代社会中宗教的形象。例如，无疑促成内战的因素之一（标志着第一次埃及革命，从公元前 2181 年到前 2055 年，以及旧帝国的终结）是上埃及和埃及帝国之间的宗教冲突。在阿蒙拉（太阳神的一种形式）的力量下统一国家可能会恢复宗教和谐，以说明解决至少那部分冲突。神圣文本本身也提供了提升古代国际关系中宗教力量的说明，但这主要是对真理的宗教说明。

旧约和新约包括历史文本、神话和宗教准则。关于宗教在塑造国际关系与合作中的作用的故事表明其效果好坏参半。

3. 旧约中的宗教与政治

埃及和法老对以色列可能是根据宗教分裂和指责，但根据旧约告诉人们的，可能是种族和经济剥削的问题。由于旧约关注的是以色列的历史，人们不能从其他国家受到与埃及帝国相同的待遇这一事实得出结论。然而，考古证据表明情况确实如此（坎普 Kemp2006）。

以色列对古代巴勒斯坦的征服也可以解读为一个宗教战争的故事。但这可能是对一个又一个国家的联合攻击。由于旧约是基于犹太宗教领袖的观点，以色列与"异教徒（持有世界主要宗教以外的宗教信仰的人）"小区之间的所有冲突都可以解释为宗教战争的问题，然而，犹太人和他们的邻居之间的许多争端很快就会指向其他问题-经济和地理-只要它们可能是由于宗教差异造成的。

荷马的《伊利亚特》和《图昔底德》（修昔底德是一位雅典历史学家和将军）伯罗奔尼撒战争是两个关于古希腊城市体系中的逮捕和通讯的故事。整个希腊半岛（大部分边界都被水包围的地形，同时与它延伸的大陆相连）和周边地区（以及后来的罗马帝国）信奉同样的一神论宗教。他们的许多神被认为执行人类的工作，例如冲突和爱情事务。尽管如此，荷马和修昔底德的记述以及他们的政治以及对宙斯神庙或特定宗教传统等圣地的提及并没有在当今的政治中发挥重要作用。

在保护区的宗教活动方面，罗马帝国是自由主义的（ 鲁特瓦克 Luttwak1979）。治理方式很简单：罗马人允许他们的捍卫者由独立的地方领导人统治。只要一些保护措施提供税收并且没有反抗，当地小区就只能自谋生路。

在中世纪，明确的宗教战争成为该地区国际政治的支柱，该地区以跨越欧洲、北非和西南亚的地中海边界为标志。首先，伊斯兰征服中东和北非是出于政治和宗教野心的驱使。这些鼓励了十字军东征，随后巴勒斯坦基督徒和穆斯林之间的冲突是内战（亨廷顿Huntington 1993, 1996）战争的第一个例子。这种信心是关于对巴勒斯坦圣地的宗教控制，尤其是耶路撒冷。

然而，将中世纪视为宗教团聚的时期是错误的。在伊斯兰教和基督教世界，战争包括传统的财富竞争-例如，地区-以及继承权和宗派主义的竞争。伊斯兰教从侯赛尼（伊斯兰教教派）分裂为逊尼派和什叶派（伊斯兰教教派）。680年倭马亚人的叛乱和压迫，这与逊尼派和什叶派小区之间的反复冲突有关。在欧洲，许多中世纪的战争是在同一宗教的追随者之间进行的。新教和宗教改革在欧洲的传播与各种宗教战争密切相关-现在是在几个具有相同信仰的家庭之间。然而，由于欧洲缺乏坚实的制度，很难区分法国的十字军东征或荷兰的八十年战争-尤其是内战-与三十年战争。三十年战争的后果-可以说是历史上最持久和最血腥的战争之一（威尔逊2011），这场战争至少为欧洲的"宗教"战争带来了一些暂时的喘息。这并不是说不同宗教的地区或其他宗教小区的地区之间没有发生随后的战争。相反，总的来说，宗教在十八、十九和二十世纪并没有引起太多争论。与此同时，宗教分裂的社会之间的战争-尤其是在帝国主义和殖民主义领域-继续在全世界肆虐。

东方宗教和亚洲文明的故事有很多相似的，远东的宗教和亚伯拉罕的宗教（犹太教、基督教、伊斯兰教）之间有着明显的区别。然而，许多亚洲社会的宗教与政治之间的关系在西方历史上并没有太大变化。这些小区是根据相同的信仰组织起来的，并由宗教领袖跟随。小区内的亲密婚姻产生了一个内部和外部宗教类别非常相似的系统。因此，不同小区之间的秘密关系或互动也受到宗教异同的影响。甚至在东西方贸易开始促进西方对亚洲社会的入侵之前，东南亚小区之间的紧张关系就可以用宗教和实际原因来解释。18世纪末和 19 世纪末欧洲国家和亚洲传教士的国家活动越来越多地塑造了欧洲帝国主义者与地方小区之间的关系。欧洲白人至上的概念在物质财富方面得到了提升-例如在经济和军事力量和技术方面-以及基督教在精神上优于其他宗教并且必须被传播以将现代性带入"古代"社会的观念。

　　人类历史上最具破坏性的区域战争-两次世界大战-不是宗教性的。事实上，俄罗斯之所以支持塞尔维亚，部分原因是它早先认为自己是东正教支持者（在这种情况下是塞尔维亚）反对天主教奥匈帝国的保护者。 1914 年 7 月至 8 月的危机引发了战争，随后主要是伊斯兰奥斯曼土耳其帝国的持续崩溃和解体，以及欧洲天主教、新教和东正教地区再次争夺这一进程。同样，在第二次世界大战期间，日本与美国及其盟国或纳粹德国与苏联之间的武装冲突涉及宗教分裂的国家。尽管如此，宗教在战争中并不是一个重要问题。冷战期间，宗教分裂地区之间爆发了几次冲突。其中包括朝鲜战争、越南战争、阿以战争和印巴战争。然而，几乎没有证据表明宗教方面发挥了重要作用。朝鲜、越南和柬埔寨的战争将宗教小区划分为不同的群体。直到后来，这些内战才升级为宗教间运动。值得注意的是，这些战争的争论主要是政治性的，而不是宗教性的。毫无疑问，阿拉伯-以色列和印度-巴基斯坦有着坚实的精神元素。然而，宗教并不是唯一的问题，也可能不是这些战争的罪魁祸首。

宗教在世界政治史上扮演的复杂角色已经让位于古代和现代的世界政治意识形态。国际关系理论的古代文本-历史学家、哲学家、军事战略家、法学家和经济学家的著作-与宗教在世界政治中的作用几乎没有关系。例如，孙子的《孙子兵法》写于六世纪，可能是最早的军事战略书籍之一。它还涉及其他儒家和道家思想和理性的权力管理。公元前431-404年修昔底德的伯罗奔尼撒战争史也是一个政治故事。宗教在这些战争中的作用微乎其微；伯罗奔尼撒战争是关于权力、统治和名誉的，而不是关于宗教的。

启蒙运动的政治和法律理论-包括雨果·格老秀斯和启蒙运动的政治哲学家，例如亚当·史密斯、雅克·鲁索、托马斯·霍布斯、查尔斯·孟德斯鸠（Charles Montesquieu）、约翰·洛克（John Locke），以及后来的伊曼纽尔·康德（Immanuel Kant）都被预言了。政治制度建立在良好的基础之上。这个概念依赖于这样一种观点，即政治秩序是基于社会凝聚力而不是神圣的指导。这些学者还以同样的逻辑方式将政党之间的关系视为受治理或不受治理的关系。上帝在霍布斯的本质中没有任何作用。并且上帝在鲁索版本的不稳定和范式中没有位置。而在孔德的贸易和平思想或康德的自由共和国之间的和平愿景中，上帝并没有在合作体系中发挥作用。

4. 宗教与政治的哲学方法

值得注意的是，宗教制度、信仰和实践在自由思考国家和国际关系方面并没有发挥重要作用。

与这种观点相反的是十九世纪卡尔·马克思将宗教管理作为发达省份那些受人尊敬的传统主义者和资本家支持阶级形成和征服工人阶级的工具（艾尔斯特 Elster1985，504-10）。这个概念是人们所描述的宗教工具和政治理论概念的重要组成部分。然而，即使在马克思主义中，宗教也只起支持作用。只有一个工具，而不是非常核心的工具，特殊的人在其中维持着一类工业社会的形成。事实上，对马克思历史的分析强调了资本主义社会的出现是由于宗教和政治的分裂。宗教本身不是资本主义地区社会结构的一部分；相反，它是资本家从中世纪社会中拿走并在新的阶级体系中有效使用的好武器。马克思主义者-列宁、托洛茨基、毛泽东和西方现代马

克思主义学者-将这种宗教观念作为阶级统治的
工具加以延续。

对似乎低估了宗教在世界事务中的作用的
资深政治学家和国际关系学者的批评并非毫无
根据。无论是鼓励现代发展、种族主义和一些世
界领袖们，许多国际关系学者似乎都没有考虑到
宗教在这些方面的重要作用，主要体现在他们已
经发表的作品中几乎没有这方面的内容。与此同
时，反而一些人们对国际关系研究者的蔑视，导
致这一原因是国际关系研究者缺乏对宗教的探
究。

"宗教/世界/政治关系"在他们的标题中。
这些课程涵盖 1945-2018 年期间。我比较了所有
两个子时期（1945-90 年和 1991-2018 年）与这
些单词组合的主题数量。这样的比较需要人们考
虑出版商数量的增加和近期出版资源的最佳出
版。为了避免这种变化带来的偏见，人们将这些
数据与同期发表的数据进行了比较，结合了权力
和国际/国际/政治关系，这是学术文献中最常见
的组合，在这两种情况下，更少。

文章中包含"宗教"一词的出版物数量的
增加量远高于同一类别中包含"权力"概念的
出版物数量的增加量，从 R/P 比率点可以看出，
宗教-IR 组合和 IR-能量组合的数量之间的差
异是数量级的，而不仅仅是作为调查主题的中间
宗教略有增加。

5. 政治经济理论与实证

出于专业和个人原因的理论和证据，重点关注与既定国家安全政策及其国家领导人的偏好相关的问题。这也可能是一般教育文化的一部分（奥伦 Oren 2003）。有可能"宗教在国际事务中的作用被忽视，因为它被扭曲和受到理论的影响"（帕布斯特 Pabst 2012, 997）。如其所示，冷战后时代的出版物在文化因素的作用和宗教方面发生了重大变化，特别是在世界政治中。两个水事件似乎引发了这种变化：冷战的结束和 2001 年 9 月恐怖分子对美国的袭击。通过组织一场关于西方基督教和无神论共产党的竞赛，独立或匿名。这场竞赛的管理是现实主义和新现实主义政治思想的中流砥柱。与制度进行经济合作的事实是自由主义和新自由主义制度主义理论的支柱。两种思想范式学派都关注地区的理性动机和唯物主义以及国际混乱施加的结构性障碍。

当东欧各国放弃共产主义，以及苏联解体后，神学家开始询问有关哪种建筑物可以取代两极的问题。一些人目睹了世界在美国"温和"的领导下陷入混乱（尼克松 Nexon 和赖特 Wright 2007）；其他人则将世界视为一团糟（米尔斯海默 Mearsheimer 1990/91）。然而，一种新的视角出现了，它把关注点从冷战关注的东西方冲突状态下的权力分配转移到了基于文化多样性的修正意识形态。塞缪尔·亨廷顿关于文明的（CoC）论文强烈主张超级大国之间的斗争将被文明之

间的斗争所取代（亨廷顿，1993，1996）。第一
次世界大战的权力斗争加深了以各种文化为中
心的利益、思想和意识形态的根本冲突。根据亨
廷顿的说法，战后冷战期间内乱将上升并主导世
界政治。宗教在亨廷顿文明的形成中占有重要地
位。因此，他的文化冲突本质上是宗教的。

亨廷顿的观点在学术界引起了很大争议，但
起初对政策界影响不大。1990 年代爆发的国际
战争，如第一次海湾战争、亚美尼亚-阿塞拜疆
战争、科索沃战争、印巴卡吉尔战争等，都是宗
教完全不同的领土之间的战争，没有得到解释。
然而 2001 年 9 月 11 日对世界贸易中心和五角大
楼的恐怖袭击（以及导致美国宾夕法尼亚州尚克
斯维尔附近的联合航空 93 号航班坠毁的突袭）
使其 理论重新焕发生机。亨廷顿的意识形态受
到政界人士的欢迎-尤其是统治美国的新保守主
义国家。学术界对恐怖主义重新产生的兴趣也集
中在强烈的伊斯兰教以及宗教意识形态和机构
对暴力行为的感知影响上。1995 年，一名宗教
极端分子暗杀了以色列总理拉宾，并在过去 20
年继续在约旦河西岸的犹太狂热分子对巴勒斯
坦人的暴力行为不断增加，犹太教也出现了类似
的焦点。

美国右派布道思想、右派福音派团体、智库、
新保守主义思想的融合，在阿富汗和伊拉克战争
中对促进社会支持起到了至关重要的作用。它也
被认为是安全机构通过诸如《国防法》、建立拘

留中心和授权在恐怖主义调查中使用酷刑等立
法增加侵犯人身自由的关键因素。"世界恐怖战
争"的组织-有时是明确的,就像西方反对强大
伊斯兰教的世界大战一样。但是,什么是"坚实
的"伊斯兰教和什么是"毫无根据的"伊斯兰
教之间的区别是模糊的。同时,与西方宗教传统
追随者相关的恐怖主义可能与个人性格有关,而
不是与宗教本身有关,伊斯兰主义者经常出现这
种情况。英国脱欧和英国的民意调查和 2016 年
唐纳德·特朗普当选美国总统也表明西方民主
国家的反伊斯兰情绪日益高涨。

6. 教义与证据

关于宗教和世界政治的修辞具有明确的和
隐含的方面。这些是基于不同的投资者关系观点。
明显的特征包括诸如 CoC 论文之类的想法,以及
对宗教间(例如伊斯兰教)和特定暴力策略(例
如恐怖主义、自杀式爆炸)的关注。模糊的想法
植根于相对较新的国际关系范式的基本原则:建
构主义。建构主义强调身份问题、发人深省的特
征和基于小区的事实。它说这些思想对世界政治
产生了深远的影响。建构主义学者通常不会在他
们的理论中明确宗教的作用,即是什么让国际关
系发挥作用。然而,宗教的某些方面只是自相矛
盾的。

对与世界宗教和政治相关的历史和哲学趋
势的考察有助于突出两个关键问题。首先,它表

明宗教因素在国家历史中发挥了至关重要的作用。即使它们在发展国际关系中不被认为是必不可少或无关紧要的，情况也是如此。现在尤其如此，因为宗教在世界政治中的重要作用似乎正在为意识形态和法律而战。然而，如果人们要更好地了解宗教在帝国的形成、演变和秩序中所起的作用以及它们如何相互影响，则需要更多的时间。

第二，世界政治中各种宗教观点的完整性尚未得到证实。许多关于这些问题的理论都是无形的想法。人们在下面探讨世界的神学和政治研究。这项研究表明，许多来自这些超自然思想的图片尚未经过实际分析。法官仍然对一些受到批判性考虑的问题提出异议，例如 CoC 论文的部分内容。不时尝试（或打算）测试 CoC 理论的强大科学研究与其关于文明的核心主张相矛盾。同时，这些研究为文化、宗教和世界政治的增加提供了支持性证据。造成这种情况的那部分原因的混乱与宗教和世界政治的不完整或模棱两可的观点有关。文献中问题和不一致的另一个原因与方法有关。提出了什么样的证据来处理这些问题以及用于测试它们的方法。

第八章 信仰与归属的政治

　　宗教的财富是根据该特定宗教中每个人的综合财富来独立判断的。世界上大多数国家都由几种信仰组成。基督教和穆斯林居于榜首，大多数人居住在不同的国家。基督教是世界上最大的宗教，其次是伊斯兰教。基督的追随者在全球范围内最健康，第二个最颓废的宗教是伊斯兰教。这一切都导致了全球不同国家拥有的财富数量以及哪些国家的经济增长最快的结论。那些坚信天堂和地狱的人还是最弱的人？不同信仰重要吗？为什么有些国家遭受宗教歧视，而有些国家则更加宗教？在《宗教的货币财富》中，过去许多研究人员和宗教学者已经开始探索精神经济学的这些和许多其他方面的悠久历史。与宗教活动所花费的时间相比，天堂和地狱中具有强烈宗教信仰的地区往往生产力很高，而且势头正在增强。有两个主要原因：宗教影响经济表现，经济发展影响宗教。经济发展的规模，例如城市发展、教育、健康和生育，对信仰也至关重要。国家控制和对其人民的宗教支持也发挥着重要作用。

　　宗教学者经常讨论宗教信仰对人格的影响，例如良好的职业道德、诚实和储蓄。宗教可以对任何人产生积极影响，并引导他们根据耶稣基督和圣经的教义来谋生和生活。新教改革可以对宗教教育和竞争产生长期影响；压迫和宗教竞争会极大地影响伊斯兰法律对市场运作的规定，进而影响伊斯兰国家的长远发展；为什么有些国家有国教。在过去的十年中，人们推断宗教团体和恐怖组织之间存在一些相似之处。恐怖分子经常利用宗教作为盾牌来隐藏他们的排程。利用天主教会使圣徒成圣，作为对抗新教传教士扩散的一种手段。

在 20 世纪，社会学家马克斯·韦伯（Max Weber）开始了数十年的辩论，他认为新教的道德准则强调努力工作、经济、诚实和自给自足，导致了西欧的工业革命。如果是这样，关于宗教应该在繁荣中扮演什么角色的争论在整个世纪都在蓬勃发展，尤其是随着抵抗的兴起。关于宗教信仰的衰落是否导致韦伯的价值观受到侵蚀的争论爆发了。

如果这是真的，那么预计下降的经济后果是什么？根据宗教的货币财富，人们可以推断，宗教的宗教意义是一个可以用现代数据研究的实际问题。没有任何宗教曾教导其追随者不遗余力或根除其他信仰。过去有影响力的人为了他们的利益塑造了信仰。此类行为可能导致任何国家的经济大幅下滑。相反，它可能对任何国家造成灾难性的影响。它探讨了宗教信仰如何影响人们提高生产力。宗教为人们提供了来世的激励。今生花在有需要的人身上，来世就能得到回报。你在这个世界付出的越多，你在下一个世界就会获得越多。这种激励导致人们向穷人和有需要的人提供更多的钱。一旦人们开始说明穷人并向非政府组织和非营利组织捐款，就会增加现金流，从而改善经济。这种激励措施不仅是增长战略的借口，而且任何宗教的大多数追随者都认为，遵循他们的信仰及其规则可以在来世将他们带到天堂。这种策略/宗教激励可能不会吸引那些对生活问题深感兴趣的人，但它为一些宗教问题带来了确定性。

韦伯认为，马丁·路德帮助播下了繁荣的种子，因为他将基督教职业的传统概念从宗教誓言转变为理解上帝在生活中所命定角色的现代观念。追随一个人的职业是一种基督徒的活动，即使是作为一名普通工人也是如此。约翰加尔文延续了这一愿景，提倡一种完整、谦虚的生活方式，将物质上的成功视为一个标志，表明一个人可能是选民中的一员，被上帝拣选为救恩。卫理公会的创始人约翰·韦斯利认为，宗教会产生"工业和储蓄"，这不可避免地会带来"财富"。在他的家庭教会中，韦斯利看到了一场充满活力的运动，导致一位著名的神职人员质疑他的成员是否愿意做出这样的牺牲。

为了探索这些想法对 21 世纪的影响，麦克利里和巴洛收集了近 100 个国家几十年前关于跨信仰运动的信息。尽管许多调查通过去教堂来衡量宗教水平，但研究人员也收集了关于死后生活的精神信仰的数据，这些数据对他们产生了影响，并没有不当，成为健康、富有成效的生活的强大动力。他们发现了对来世的信仰，更有可能的是，地狱之火的观念-与教会的经济增长之间存在有益的联系。事实上，除了参加教堂外，对来世的信仰与经济发展有关。

根据其他研究人员的工作，推断宗教参与可以改善教育成果，这在经济成功中也起着至关重要的作用。例如，马丁·路德提倡通识教育，使普通人能够阅读圣经。这使人们能够阅读圣经，从而提高了识字率。在接受他的想法的欧洲部分地区，识字率有所提高。随着识字率的提高，更多的人能够学习耶稣基督和圣经的教义，让这些人有机会按照圣父的指示生活。这导致了显著的扩张，当今的经济学家称之为人力资本。同样，强调个人阅读圣经需要识字，这有助于解释欧洲和美国特定基督教小区的经济成功。

信仰似乎比仅仅去教堂更重要的预测经济成功的另一个原因可能是国教在 21 世纪的持续存在。麦克里利 McCleary 和巴洛 Barro 发现，在所研究的 188 个州中，40%的州仍然有国家支持的宗教。另一方面，这些范围仍然存在英格兰教会的英格兰（尽管公民可以自由地在其他地方礼拜）到穆斯林占多数的国家，其中 22 个将伊斯兰教称为官方国教，在许多情况下，政府官方宗教延伸.研究表明，虽然这些国家的教会成员人数平均较高，但政府资助的宗教并没有为他们的国家带来经济利益。这种混乱的答案可能在于这些机构。亚当·斯密断言，国教往往是社会和政治精英的避难所，他们将信条用于世俗目的，破坏了精神信息。

基督教与世界经济

当今，许多有组织的宗教都面临着尽快与异性竞争的挑战。从现代教会到耶稣基督后期圣徒教会，宗教领袖已尽一切可能防止失去成员资格。天主教会、麦克利里和巴洛建议它做些别的事情-制作圣经文学作品。在前往安提瓜的路上，他们在献给危地马拉唯一的天主教圣人赫马诺·佩德罗 Hermano Pedro（危地马拉唯一的天主教圣人）的圣殿中看到了大量的工作。这项工作与拉丁美洲其他地区天主教的衰落形成鲜明对比，那里的五旬节教派以牺牲罗马为代价而发展。不知道教会本身也知道同样的事情，两人学习了圣人修行的模式。他们在现代经历了急剧上升，特别是在教会面临来自其他宗教的巨大压力的地区。特别是教会似乎正在制定一项计划，宣布圣徒与新教竞争。这可能是几个世纪前从罗马吸取的教训。研究表明，宗教改革后德国城市从天主教转向的机会与人均圣地数量密切相关。圣徒越少，人们就越有可能成为新教徒。

当今经济中最具争议的问题之一是有助于经济增长的文化水平。宗教不仅仅是文化的一部分。然而：在世界的许多地方，它是社会的决定性特征之一。尤其是美国，尽管它很繁荣，但它仍然是一个比其他富裕国家更加虔诚的国家。正如麦克利里和巴洛提醒人们的那样，要了解宗教和这两个看似遥远的地方如何融合在一起，还有很多工作要做。

基督教与世界经济

对全球经济发展近期历史的分析导致发展中国家在发展经济和为其人民提供基本服务方面面临的问题的复杂性。它表明发展本身是一种模糊而脆弱的发展。地球上所有人的更大正义和平等将逐渐以高昂的救赎成本实现。因此，需要信心来获得灵感、忍耐的希望和慷慨。

1. 欠发达国家

在当今世界，承诺的政治让人们在奋斗和努力的政治中占有一席之地。人们的宗教告诉人们，人们必须改变人们的生活方式，成为人们这一代人的更好的人和榜样。人们必须减少愤怒和野心，这将逐渐降低人们的生活水平。对世界上大多数人来说，这并不难，也许不对，但仅此而已。世界上约有 8 亿的贫困人口不得不面对艰辛，作为耶稣基督来到这个世界的使者，人们必须帮助他们并确保为他们提供生活必需品。这将在来世帮助人们，并帮助你们国家的经济和宗教财富。接近下降是不同的，但显著下降可能导致灾难性的结果。由于宗教导致经济下滑并不意味着破坏，而是令人震惊的剥夺，因为这可能会导致追随者心中的怀疑。

与生活在发达国家的幸运儿相比，最贫穷国家的婴儿死亡率高出八倍；预期寿命不到三分之一；成人识字率低于 60%；健康饮食水平为二分之一，低于可接受的最低水平；在数以百万计的儿童中，较少的蛋白质阻碍了健康的大脑和身体的发育。

然而，工资应该会出现，这给政府带来了问题，用他们的话来说，更高的工资并不能激励现代工业，而常识强调了当前为不断增长的人口创造就业机会的必要性。忠于你的宗教并遵循基督的教义可以帮助你追求幸福。根据圣经经营企业和工作可以激励你过上正直的生活。

发展中国家宗教模式发展不足的另一个原因是时间问题。就发达国家而言，在宗教和经济发展过程的各个阶段之间，通常是年轻一代，严重缺乏对宗教的承诺。首先，宗教活动增加，随着时间的推移，经济机会出现；其次，随着时间的推移，教育、健康和社会福利的改善；最后，也许是在生态宗教革命一百年或更长时间之后，取得了成果。所有这些过程都可以在发展中国家的望远镜中看到；他们必须提高经济生产力，扩大部长雇用工人的能力，为所有人提供健康、教育和社会福利，并这样做，通过共同为社会各界的精神进程做出贡献。这种承诺可能吗？这种牺牲可能需要什么特征？

基于这三个论点，人们必须得出结论，发展完全取决于宗教，宗教的进步也不取决于经济增长。但是，如果一个人遵循基督和圣经的指示，两者都可以同时实现。

2. 欠发达国家的宗教反应

如果人们看看全世界 8 亿营养不良的人，人们可以以各种方式应对这一悲惨的现实。是因为政客们辜负了他们吗？是他们的政府吗？还是应该追究宗教的责任？来自不同种族和世界各地的不同人可能有其他答案，但这些问题没有简单的答案。没有任何宗教教过人们让另一个人死去，宗教甚至教人们善待动物。思考解决贫困和饥饿的方法可以使人们得出几种可能的解释。人们可以专注于如何不浪费人们的食物资源；人们可以敦促人们向各个救灾中心捐款，止步于此，或者走得更远。人们可以确定饥饿的原因，指出饥饿与贫困之间的联系。人们可以展示贫困国家粮食援助的增长情况，并教他们增加国内粮食产量的方法。人们可以证明，关注粮食援助如何能够在 2022 年突然降低世界的贫困和饥饿比率。

全球许多粮食援助国家和组织，如美国和欧洲经济共同体向第三世界国家出口粮食援助。并非所有组织或政府都这么想；人们可以指出，粮食援助经常被用来帮助专制政府支付其士兵和政府工作人员的费用，而不是免费分发给真正需要的人，因为食品价格高昂，富裕国家出现了剩余的粮食。并且由于支持当地农业的各种其他方式。人们可以研究各自国内贫困与宗教组织之间的联系，突出小农和资源获取之间的相似之处。小业主的贷款和其他生产性资产、缺乏教育、害怕创新、政治不稳定，以这些方式分析问题后，建议受影响的人在家吃饭并在他们迫切需要的时候向慈善机构捐款是不满足的。可选响应将涵盖广泛的活动，并涉及与一个国家的政治、经济和宗教实体合作。它将包括在经历国内外标准制定过程的群体之间建立联系，并努力分析粮食援助政策和计划的影响，以便人们了解他们的消费模式和结果。

3. 对不发达国家的不同看法

目前，人们可以确定全球经济和宗教关系的一些原因和解决方案。在宗教和经济之间，第一个反应可能是有压力的，宗教与世界经济之间的关系没有必要或可接受的改变。国际货币基金组织和世界银行等机构被认为无法改革，因为它们严格限制与国家的交易，而不是与宗教组织的交易。

另一个对和解非常敏感的反应是调用了特定的更改，但不是根本性的更改。经济与宗教之间的关系必须发生动态转变，这可以说明穷国充分融入与富国的国际关系。与此同时，全球宗教福利将动摇他们度过艰难的岁月。这些资格足以使贫穷国家免于失败，因为每个国家都可以以积极和消极的方式影响其邻国。

"涨潮掀起所有船只"

关于作者

李锦维博士、国际关系高级专家、学者

1956 年 2 月出生于中国上海

教育

202002-202201 美国哈佛大学 20 门跨学科证书

202105 美国三一大学文学博士

202105 美国福音基督教大学文学博士

199606 中国华东师范大学经济学硕士

198906 中国华东师范大学文学学士

198202 中国上海外国语学院英语证书

职业

2015- 加拿大锦维和平研究基金会高级研究员

2003-2015 加拿大锦维移民顾问公司创始人

1997-2006 中国上海锦维商务发展有限公司总裁

1989-2016 中国上海国际问题研究院研究人员
　　　　　（全球智库百强之一）

1984-1988 中国上海服装进出口公司单证审核员

1973-1984 中国上海第一食品店销售员

系列图书出版信息

《基督教与世界》系列丛书英语版本书籍将于 2022 年 10 月左右完成出版。英语总字数为 300,000 字，同时出版法文版和中文版。法文版和中文版于 2022 年 6 月起逐步出版，并将于 2023 年中之前完成出版。

该丛书面向社会各阶层和信仰的人们，对于研究和认识基督教在国际关系中的关系，从其在各个社会领域的影响和前景来预测社会的发展，具有重要参考价值。

本系列十本书根据英文原文字母排序：

十本系列书出版后，将会出版全集《基督教与世界》。

1. 《基督教与世界文明》

2. 《基督教与世界文化》

3. 《基督教与世界经济》

4. 《基督教与世界历史》

5. 《基督教与世界律法》

6. 《基督教与世界展望》

7. 《基督教与世界和平》

8. 《基督教与世界政治》

9. 《基督教与世界宗教》

10. 《基督教与普世价值》

作者的其他书籍

《自我实现》

850,000 中文字，2018 年

国际标准书号：978-1-9994222-0-2

《外事知识实用大全》

主编

1,800,000 中文字，1999 年，上海译文出版社

国际标准书号：7-5327-2142-6/Z.094

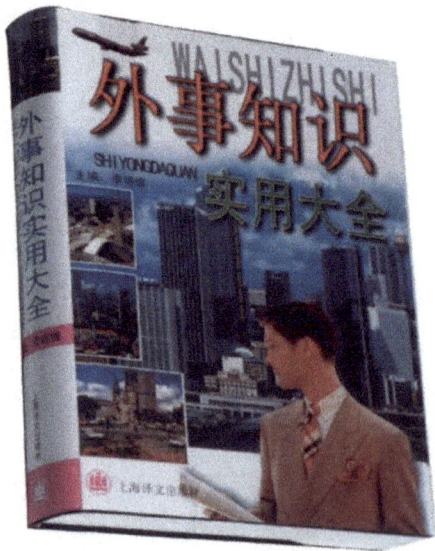

《外事知识大全》

主编

1,250,000 中文字，1992 年，上海译文出版社

国际标准书号：7-5327-1215 X/Z.063

www.ingramcontent.com/pod-product-compliance
Lightning Source LLC
Chambersburg PA
CBHW070501090426
42735CB00012B/2650